HAMBURGER LESEHEFTE

PLUS

TEXT UND MATERIALIEN

FRIEDRICH VON SCHILLER

MARIA STUART

Ein Trauerspiel

HLV

Bange Verlag

HAMBURGER LESEHEFTE PLUS
KÖNIGS MATERIALIEN
512. HEFT

Zur Textgestaltung

Eine kritische Ausgabe der „Maria Stuart" ist enthalten in dem 1948 erschienenen neunten Band der Weimarer Nationalausgabe von Schillers Werken, den Benno von Wiese und Lieselotte Blumenthal herausgegeben haben. Der Text dieser Ausgabe wurde unserem Band zugrunde gelegt, der behutsam den amtlichen Rechtschreibregeln angeglichen wurde.

Analysiert und interpretiert mit Textverweisen auf dieses Heft wird *Maria Stuart* in Königs Erläuterungen, 978-3-8044-1972-8, C. Bange Verlag.

1. Auflage 2020

Alle Drucke dieser Ausgabe und die der Hamburger Lesehefte sind untereinander unverändert und können im Unterricht nebeneinander genutzt werden.

Heftbearbeitung Text: F. Bruckner und K. Sternelle
Heftbearbeitung Materialien: Dr. Oliver Pfohlmann
Umschlaggestaltung und Layout: Petra Michel
Umschlagzeichnung: Ingeborg Strange-Friis
Druck und Weiterverarbeitung: Husum Druck- und Verlagsgesellschaft, Husum

ISBN 978-3-8044-2591-0

www.bange-verlag.de

ISBN 978-3-87291-511-5

www.verlagsgruppe.de

INHALT

TEXT

PERSONEN

ELISABETH, Königin von England
MARIA STUART, Königin von Schottland, Gefangne in England
ROBERT DUDLEY, Graf von Leicester
GEORG TALBOT, Graf von Shrewsbury
WILHELM CECIL, Baron von Burleigh, Großschatzmeister
GRAF VON KENT
WILHELM DAVISON, Staatssekretär
AMIAS PAULET, Ritter, Hüter der Maria
MORTIMER, sein Neffe
GRAF AUBESPINE, französischer Gesandter
GRAF BELLIEVRE, außerordentlicher Botschafter von Frankreich
OKELLY, Mortimers Freund
DRUGEON DRURY, zweiter Hüter der Maria
MELVIL, ihr Haushofmeister
BURGOYN, ihr Arzt
HANNA KENNEDY, ihre Amme
MARGARETA KURL, ihre Kammerfrau
SHERIFF DER GRAFSCHAFT
OFFIZIER DER LEIBWACHE

Französische und englische Herren, Trabanten, Hofdiener der Königin von England, Diener und Dienerinnen der Königin von Schottland

← Die Pfeile verweisen auf Anmerkungen im Anhang.
Kurze Worterläuterungen stehen direkt neben dem Text.

ERSTER AUFZUG

Im Schloss zu Fotheringhay. – Ein Zimmer

ERSTER AUFTRITT

Hanna Kennedy, Amme der Königin von Schottland, in heftigem Streit mit Paulet, der im Begriff ist einen Schrank zu öffnen. Drugeon Drury, sein Gehilfe, mit Brecheisen.

KENNEDY. Was macht Ihr, Sir? Welch neue Dreistigkeit!
Zurück von diesem Schrank!
PAULET. Wo kam der Schmuck her?
Vom obern Stock ward er herabgeworfen,
Der Gärtner hat bestochen werden sollen
Mit diesem Schmuck – Fluch über Weiberlist!
Trotz meiner Aufsicht, meinem scharfen Suchen,
Noch Kostbarkeiten, noch geheime Schätze!
(sich über den Schrank machend)
Wo das gesteckt hat, liegt noch mehr!
KENNEDY. Zurück, Verwegner!
Hier liegen die Geheimnisse der Lady.
PAULET. Die eben such ich.
(Schriften hervorziehend)
KENNEDY. Unbedeutende
Papiere, bloße Übungen der Feder,
Des Kerkers traur'ge Weile zu verkürzen.
PAULET. In müß'ger Weile schafft der böse Geist.
KENNEDY. Es sind französische Schriften.
PAULET. Desto schlimmer!
Die Sprache redet Englands Feind.
KENNEDY. Konzepte
Von Briefen an die Königin von England.
PAULET. Die überliefr' ich – Sieh! – Was schimmert hier?
(Er hat einen geheimen Ressort geöffnet und zieht aus einem verborgnen Fach Geschmeide hervor)
Ein königliches Stirnband, reich an Steinen,
Durchzogen mit den Lilien von Frankreich!
(Er gibt es seinem Begleiter)
Verwahrt's, Drury. Legt's zu dem Übrigen!
(Drury geht ab)
KENNEDY. O schimpfliche Gewalt, die wir erleiden!
PAULET. Solang sie noch besitzt, kann sie noch schaden,

Ressort
(französisch) Fach

→ Wappen der franz. Könige

Gewehr ursprünglich Bezeichnung für Abwehrwaffe

Denn alles wird Gewehr in ihrer Hand.
KENNEDY. Seid gütig, Sir. Nehmt nicht den letzten Schmuck
Aus unserm Leben weg! Die Jammervolle
Erfreut der Anblick alter Herrlichkeit,
Denn alles andre habt Ihr uns entrissen.
PAULET. Es liegt in guter Hand. Gewissenhaft
Wird es zu seiner Zeit zurückgegeben!
KENNEDY. Wer sieht es diesen kahlen Wänden an,
Dass eine Königin hier wohnt? Wo ist
Die Himmeldecke über ihrem Sitz?
Muss sie den zärtlich weich gewöhnten Fuß
Nicht auf gemeinen rauen Boden setzen?
Mit grobem Zinn – die schlechtste Edelfrau
Würd es verschmähn – bedient man ihre Tafel.

Zinn Geschirr aus Zinn

PAULET. So speiste sie zu Sterlyn ihren Gatten,
Da sie aus Gold mit ihrem Buhlen trank.
KENNEDY. Sogar des Spiegels kleine Notdurft mangelt.
PAULET. Solang sie noch ihr eitles Bild beschaut,
Hört sie nicht auf zu hoffen und zu wagen.
KENNEDY. An Büchern fehlt's, den Geist zu unterhalten.
PAULET. Die Bibel ließ man ihr, das Herz zu bessern.
KENNEDY. Selbst ihre Laute ward ihr weggenommen.
PAULET. Weil sie verbuhlte Lieder drauf gespielt.
KENNEDY. Ist das ein Schicksal für die weich Erzogne,
Die in der Wiege Königin schon war,
Am üpp'gen Hof der Mediceerin
In jeder Freuden Fülle aufgewachsen!
Es sei genug, dass man die Macht ihr nahm,
Muss man die armen Flitter ihr missgönnen?
In großes Unglück lehrt ein edles Herz
Sich endlich finden, aber wehe tut's,
Des Lebens kleine Zierden zu entbehren.
PAULET. Sie wenden nur das Herz dem Eiteln zu,
Das in sich gehen und bereuen soll. Ein üppig
lastervolles Leben büßt sich In Mangel und
Erniedrigung allein.
KENNEDY. Wenn ihre zarte Jugend sich verging,
Mag sie's mit Gott abtun und ihrem Herzen –
In England ist kein Richter über sie.
PAULET. Sie wird gerichtet, wo sie frevelte.
KENNEDY. Zum Freveln fesseln sie zu enge Bande.
PAULET. Doch wusste sie aus diesen engen Banden
Den Arm zu strecken in die Welt, die Fackel

sündigte Unrecht tat

Des Bürgerkrieges in das Reich zu schleudern
Und gegen unsre Königin, die Gott
Erhalte, Meuchelrotten zu bewaffnen.
Erregte sie aus diesen Mauern nicht
Den Böswicht Parry und den Babington →
Zu der verfluchten Tat des Königsmords?
Hielt dieses Eisengitter sie zurück,
Das edle Herz des Norfolk zu umstricken? →
Für sie geopfert fiel das beste Haupt
Auf dieser Insel unterm Henkerbeil –
Und schreckte dieses jammervolle Beispiel
Die Rasenden zurück, die sich wetteifernd
Um ihrentwillen in den Abgrund stürzen?
Die Blutgerüste füllen sich für sie
Mit immer neuen Todesopfern an,
Und das wird nimmer enden, bis sie selbst,
Die Schuldigste, darauf geopfert ist.
– O Fluch dem Tag, da dieses Landes Küste
Gastfreundlich diese Helena empfing. →
KENNEDY. Gastfreundlich hätte England sie empfangen?
Die Unglückselige, die seit dem Tag,
Da sie den Fuß gesetzt in dieses Land,
Als eine Hilfeflehende, Vertriebne
Bei der Verwandten Schutz zu suchen kam,
Sich wider Völkerrecht und Königswürde
Gefangen sieht, in enger Kerkerhaft
Der Jugend schöne Jahre muss vertrauern. –
Die jetzt, nachdem sie alles hat erfahren,
Was das Gefängnis Bittres hat, gemeinen
Verbrechern gleich, vor des Gerichtes Schranken
Gefordert wird und schimpflich angeklagt
Auf Leib und Leben – eine Königin!
PAULET. Sie kam ins Land als eine Mörderin,
Verjagt von ihrem Volk, des Throns entsetzt,
Den sie mit schwerer Gräueltat geschändet.
Verschworen kam sie gegen Englands Glück,
Der spanischen Maria blut'ge Zeiten →
Zurückzubringen, Engelland katholisch
Zu machen, an den Franzmann zu verraten.
Warum verschmähte sie's, den Edinburger →
Vertrag zu unterschreiben, ihren Anspruch
An England aufzugeben und den Weg
Aus diesem Kerker schnell sich aufzutun

→ hat Norfolk verführt und dieser wurde dann geköpft

→ beschuldigt sie Bürgerkrieg in England auszulösen

→ Mord des Königs von England

Mit einem Federstrich? Sie wollte lieber
Gefangen bleiben, sich misshandelt sehn,
Als dieses Titels leerem Prunk entsagen.
Weswegen tat sie das? Weil sie den Ränken
Vertraut, den bösen Künsten der Verschwörung,
Und Unheil spinnend diese ganze Insel
Aus ihrem Kerker zu erobern hofft.
KENNEDY. Ihr spottet, Sir – Zur Härte fügt Ihr noch
Den bittern Hohn! Sie hegte solche Träume,
Die hier lebendig eingemauert lebt,
Zu der kein Schall des Trostes, keine Stimme
Der Freundschaft aus der lieben Heimat dringt,
Die längst kein Menschenangesicht mehr schaute
Als ihrer Kerkermeister finstre Stirn,
Die erst seit kurzem einen neuen Wächter
Erhielt in Eurem rauen Anverwandten,
Von neuen Stäben sich umgittert sieht –
PAULET. Kein Eisengitter schützt vor ihrer List.
Weiß ich, ob diese Stäbe nicht durchfeilt,
Nicht dieses Zimmers Boden, diese Wände,
Von außen fest, nicht hohl von innen sind
Und den Verrat einlassen, wenn ich schlafe?
Fluchvolles Amt, das mir geworden ist,
Die Unheil brütend Listige zu hüten.
Vom Schlummer jagt die Furcht mich auf, ich gehe
Nachts um, wie ein gequälter Geist, erprobe
Des Schlosses Riegel und der Wächter Treu
Und sehe zitternd jeden Morgen kommen,
Der meine Furcht wahr machen kann. Doch wohl mir!
Wohl! Es ist Hoffnung, dass es bald nun endet.
Denn lieber möcht ich der Verdammten Schar
Wachstehend an der Höllenpforte hüten,
Als diese ränkevolle Königin.
KENNEDY. Da kommt sie selbst!
← PAULET. Den Christus in der Hand.
Die Hoffart und die Weltlust in dem Herzen.

welches Bild vermittelt sie von sich selbst Äußere, Verhalten, Religiöse Überzeugung u. Sprechweise (Zeilenangabe)

ZWEITER AUFTRITT

Maria im Schleier, ein Kruzifix in der Hand.
Die Vorigen.

KENNEDY *(ihr entgegeneilend).*
O Königin! Man tritt uns ganz mit Füßen,
Der Tyrannei, der Härte wird kein Ziel,
Und jeder neue Tag häuft neue Leiden
Und Schmach auf dein gekröntes Haupt.
MARIA. Fass dich!
Sag an, was neu geschehen ist?
KENNEDY. Sieh her!
Dein Pult ist aufgebrochen, deine Schriften,
Dein einz'ger Schatz, den wir mit Müh gerettet,
Der letzte Rest von deinem Brautgeschmeide
Aus Frankreich ist in seiner Hand. Du hast nun
Nichts Königliches mehr, bist ganz beraubt.
MARIA. Beruhige dich, Hanna. Diese Flitter machen
Die Königin nicht aus. Man kann uns niedrig
Behandeln, nicht erniedrigen. Ich habe
In England mich an viel gewöhnen lernen,
Ich kann auch das verschmerzen. Sir, Ihr habt Euch
Gewaltsam zugeeignet, was ich Euch
Noch heut zu übergeben willens war.
Bei diesen Schriften findet sich ein Brief,
Bestimmt für meine königliche Schwester
Von England – Gebt mir Euer Wort, dass Ihr
Ihn redlich an sie selbst wollt übergeben
Und nicht in Burleighs ungetreue Hand.
PAULET. Ich werde mich bedenken, was zu tun ist.
MARIA. Ihr sollt den Inhalt wissen, Sir. Ich bitte
In diesem Brief um eine große Gunst –
Um eine Unterredung mit ihr selbst,
Die ich mit Augen nie gesehn – Man hat mich
Vor ein Gericht von Männern vorgefodert,
Die ich als meinesgleichen nicht erkennen,
Zu denen ich kein Herz mir fassen kann.
Elisabeth ist meines Stammes, meines
Geschlechts und Ranges – Ihr allein, der Schwester,
Der Königin, der Frau kann ich mich öffnen.
PAULET. Sehr oft, Mylady, habt Ihr Euer Schicksal
Und Eure Ehre Männern anvertraut,

Die Eurer Achtung minder würdig waren.
MARIA. Ich bitte noch um eine zweite Gunst,
Unmenschlichkeit allein kann mir sie weigern.
Schon lange Zeit entbehr ich im Gefängnis
← Der Kirche Trost, der Sakramente Wohltat.
Und die mir Kron und Freiheit hat geraubt,
Die meinem Leben selber droht, wird mir
Die Himmelstüre nicht verschließen wollen.
← PAULET. Auf Euren Wunsch wird der Dechant des Orts –
MARIA *(unterbricht ihn lebhaft)*.
Ich will nichts vom Dechanten. Einen Priester
Von meiner eignen Kirche fodre ich.
– Auch Schreiber und Notarien verlang ich,
Um meinen letzten Willen aufzusetzen.
Der Gram, das lange Kerkerelend nagt
An meinem Leben. Meine Tage sind
Gezählt, befürcht ich, und ich achte mich
Gleich einer Sterbenden.
PAULET. Da tut Ihr wohl,
Das sind Betrachtungen, die Euch geziemen.
MARIA. Und weiß ich, ob nicht eine schnelle Hand
Des Kummers langsames Geschäft beschleunigt?
Ich will mein Testament aufsetzen, will
Verfügung treffen über das, was mein ist.
PAULET. Die Freiheit habt Ihr. Englands Königin
Will sich mit Eurem Raube nicht bereichern.
MARIA. Man hat von meinen treuen Kammerfrauen,
Von meinen Dienern mich getrennt – Wo sind sie?
Was ist ihr Schicksal? Ihrer Dienste kann ich
Entraten, doch beruhigt will ich sein,
Dass die Getreu'n nicht leiden und entbehren.
PAULET. Für Eure Diener ist gesorgt.
(Er will gehen)
MARIA. Ihr geht, Sir? Ihr verlasst mich abermals,
Und ohne mein geängstigt fürchtend Herz
Der Qual der Ungewissheit zu entladen.
Ich bin, dank Eurer Späher Wachsamkeit,
Von aller Welt geschieden, keine Kunde
Gelangt zu mir durch diese Kerkermauern,
Mein Schicksal liegt in meiner Feinde Hand.
Ein peinlich langer Monat ist vorüber,
Seitdem die vierzig Kommissarien
In diesem Schloss mich überfallen, Schranken

Errichtet, schnell, mit unanständiger Eile,
Mich unbereitet, ohne Anwalts Hülfe,
Vor ein noch nie erhört Gericht gestellt,
Auf schlau gefasste schwere Klagepunkte
Mich, die Betäubte, Überraschte, flugs
Aus dem Gedächtnis Rede stehen lassen –
Wie Geister kamen sie und schwanden wieder.
Seit diesem Tage schweigt mir jeder Mund,
Ich such umsonst in Eurem Blick zu lesen,
Ob meine Unschuld, meiner Freunde Eifer,
Ob meiner Feinde böser Rat gesiegt.
Brecht endlich Euer Schweigen – lasst mich wissen,
Was ich zu fürchten, was zu hoffen habe.
PAULET *(nach einer Pause)*.
Schließt Eure Rechnung mit dem Himmel ab.
MARIA. Ich hoff auf seine Gnade, Sir – und hoffe
Auf strenges Recht von meinen ird'schen Richtern.
PAULET. Recht soll Euch werden. Zweifelt nicht daran.
MARIA. Ist mein Prozess entschieden, Sir?
PAULET. Ich weiß nicht.
MARIA. Bin ich verurteilt?
PAULET. Ich weiß nichts, Mylady.
MARIA. Man liebt hier rasch zu Werk zu gehn. Soll mich
Der Mörder überfallen wie die Richter?
PAULET. Denkt immerhin, es sei so, und er wird Euch
In bessrer Fassung dann als diese finden.
MARIA. Nichts soll mich in Erstaunen setzen, Sir,
Was ein Gerichtshof in Westminsterhall,
Den Burleighs Hass und Hattons Eifer lenkt, →
Zu urteln sich erdreiste – Weiß ich doch,
Was Englands Königin wagen darf zu tun.
PAULET. Englands Beherrscher brauchen nichts zu scheuen
Als ihr Gewissen und ihr Parlament.
Was die Gerechtigkeit gesprochen, furchtlos,
Vor aller Welt wird es die Macht vollziehn.

DRITTER AUFTRITT

Die Vorigen. Mortimer, Paulets Neffe, tritt herein und ohne der Königin einige Aufmerksamkeit zu bezeugen, zu Paulet.

MORTIMER. Man sucht Euch, Oheim.
(Er entfernt sich auf ebendiese Weise. Die Königin bemerkt es mit Unwillen und wendet sich zu Paulet, der ihm folgen will.)
MARIA. Sir, noch eine Bitte.
Wenn Ihr mir was zu sagen habt – von Euch
Ertrag ich viel, ich ehre Euer Alter.
Den Übermut des Jünglings trag ich nicht,
Spart mir den Anblick seiner rohen Sitten.
PAULET. Was ihn Euch widrig macht, macht mir ihn wert.
Wohl ist es keiner von den weichen Toren,
Die eine falsche Weiberträne schmelzt –
Er ist gereist, kommt aus Paris und Reims
Und bringt sein treu altenglisch Herz zurück,
Lady, an dem ist Eure Kunst verloren!
(Geht ab)

VIERTER AUFTRITT

Maria. Kennedy.

KENNEDY. Darf Euch der Rohe das ins Antlitz sagen!
O es ist hart!
MARIA *(in Nachdenken verloren).*
Wir haben in den Tagen unsers Glanzes
Dem Schmeichler ein zu willig Ohr geliehn,
Gerecht ist's, gute Kennedy, dass wir
Des Vorwurfs ernste Stimme nun vernehmen.
KENNEDY. Wie? so gebeugt, so mutlos, teure Lady?
Wart Ihr doch sonst so froh, Ihr pflegtet mich zu trösten,
Und eher musst' ich Euren Flattersinn
Als Eure Schwermut schelten.
MARIA. Ich erkenn ihn.
Es ist der blut'ge Schatten König Darnleys,
Der zürnend aus dem Gruftgewölbe steigt,
Und er wird nimmer Friede mit mir machen,
Bis meines Unglücks Maß erfüllet ist.
KENNEDY. Was für Gedanken –

MARIA. Du vergissest, Hanna –
Ich aber habe ein getreu Gedächtnis –
Der Jahrstag dieser unglückseligen Tat
Ist heute abermals zurückgekehrt,
Er ist's, den ich mit Buß und Fasten feire.
KENNEDY. Schickt endlich diesen bösen Geist zur Ruh.
Ihr habt die Tat mit jahrelanger Reu,
Mit schweren Leidensproben abgebüßt.
Die Kirche, die den Löseschlüssel hat →
Für jede Schuld, der Himmel hat vergeben.
MARIA. Frisch blutend steigt die längst vergebne Schuld
Aus ihrem leicht bedeckten Grab empor!
Des Gatten rachefoderndes Gespenst
Schickt keines Messedieners Glocke, kein →
Hochwürdiges in Priesters Hand zur Gruft. →
KENNEDY. Nicht Ihr habt ihn gemordet! Andre taten's!
MARIA. Ich wusste drum. Ich ließ die Tat geschehn
Und lockt' ihn schmeichelnd in das Todesnetz.
KENNEDY. Die Jugend mildert Eure Schuld. Ihr wart
So zarten Alters noch.
MARIA. So zart – und lud
Die schwere Schuld auf mein so junges Leben.
KENNEDY. Ihr wart durch blutige Beleidigung
Gereizt und durch des Mannes Übermut,
Den Eure Liebe aus der Dunkelheit
Wie eine Götterhand hervorgezogen,
Den Ihr durch Euer Brautgemach zum Throne
Geführt, mit Eurer blühenden Person
Beglückt und Eurer angestammten Krone.
Konnt' er vergessen, dass sein prangend Los
Der Liebe großmutsvolle Schöpfung war?
Und doch vergaß er's, der Unwürdige!
Beleidigte mit niedrigem Verdacht,
Mit rohen Sitten Eure Zärtlichkeit,
Und widerwärtig wurd' er Euren Augen.
Der Zauber schwand, der Euren Blick getäuscht,
Ihr floht erzürnt des Schändlichen Umarmung
Und gabt ihn der Verachtung preis – Und er –
Versucht' er's, Eure Gunst zurückzurufen?
Bat er um Gnade? Warf er sich bereuend
Zu Euren Füßen, Besserung versprechend?
Trotz bot Euch der Abscheuliche – Der Euer
Geschöpf war, Euren König wollt' er spielen,

Vor Euren Augen ließ er Euch den Liebling,
← Den schönen Sänger Rizzio durchbohren –
Ihr rächtet blutig nur die blut'ge Tat.
MARIA. Und blutig wird sie auch an mir sich rächen.
Du sprichst mein Urteil aus, da du mich tröstest.
KENNEDY. Da Ihr die Tat geschehn ließt, wart Ihr nicht
Ihr selbst, gehörtet Euch nicht selbst. Ergriffen
Hatt' Euch der Wahnsinn blinder Liebesglut,
Euch unterjocht dem furchtbaren Verführer,
← Dem unglücksel'gen Bothwell – Über Euch
Mit übermüt'gem Männerwillen herrschte
Der Schreckliche, der Euch durch Zaubertränke,
Durch Höllenkünste das Gemüt verwirrend
Erhitzte –
MARIA. Seine Künste waren keine andre
Als seine Männerkraft und meine Schwachheit.
KENNEDY. Nein, sag ich. Alle Geister der Verdammnis
Musst' er zu Hülfe rufen, der dies Band
Um Eure hellen Sinne wob. Ihr hattet
Kein Ohr mehr für der Freundin Warnungsstimme,
Kein Aug für das, was wohlanständig war,
Verlassen hatte Euch die zarte Scheu
Der Menschen, Eure Wangen, sonst der Sitz
Schamhaft errötender Bescheidenheit,
Sie glühten nur vom Feuer des Verlangens.
Ihr warft den Schleier des Geheimnisses
Von Euch, des Mannes keckes Laster hatte
Auch Eure Blödigkeit besiegt, Ihr stelltet
Mit dreister Stirne Eure Schmach zur Schau.
Ihr ließt das königliche Schwert von Schottland
Durch ihn, den Mörder, dem des Volkes Flüche
Nachschallten, durch die Gassen Edinburgs
Vor Euch hertragen im Triumph, umringtet
Mit Waffen Euer Parlament, und hier,
Im eignen Tempel der Gerechtigkeit,
Zwangt Ihr mit frechem Possenspiel die Richter,
Den Schuldigen des Mordes loszusprechen –
Ihr gingt noch weiter – Gott!
MARIA. Vollende nur!
Und reicht ihm meine Hand vor dem Altare!
KENNEDY. O lasst ein ewig Schweigen diese Tat
Bedecken! Sie ist schauderhaft, empörend,
Ist einer ganz Verlornen wert. – Doch Ihr seid keine

Verlorne – ich kenn Euch ja, ich bin's,
Die Eure Kindheit auferzogen. Weich
Ist Euer Herz gebildet, offen ist's
Der Scham – der Leichtsinn nur ist Euer Laster.
Ich wiederhol es, es gibt böse Geister,
Die in des Menschen unverwahrter Brust
Sich augenblicklich ihren Wohnplatz nehmen,
Die schnell in uns das Schreckliche begehn
Und zu der Höll entfliehend das Entsetzen
In dem befleckten Busen hinterlassen.
Seit dieser Tat, die Euer Leben schwärzt,
Habt Ihr nichts Lasterhaftes mehr begangen,
Ich bin ein Zeuge Eurer Besserung.
Drum fasset Mut! Macht Friede mit Euch selbst!
Was Ihr auch zu bereuen habt, in England
Seid Ihr nicht schuldig, nicht Elisabeth,
Nicht Englands Parlament ist Euer Richter.
Macht ist's, die Euch hier unterdrückt, vor diesen
Anmaßlichen Gerichtshof dürft Ihr Euch
Hinstellen mit dem ganzen Mut der Unschuld.

MARIA. Wer kommt?

(Mortimer zeigt sich an der Türe)

KENNEDY. Es ist der Neffe. Geht hinein.

FÜNFTER AUFTRITT

Die Vorigen. Mortimer, scheu hereintretend.

MORTIMER *(zur Amme).*
Entfernt Euch, haltet Wache vor der Tür,
Ich habe mit der Königin zu reden.

MARIA *(mit Ansehn).* Hanna, du bleibst.

MORTIMER. Habt keine Furcht, Mylady. Lernt mich kennen.

(Er überreicht ihr eine Karte)

MARIA *(sieht sie an und fährt bestürzt zurück).*
Ha! Was ist das?

MORTIMER *(zur Amme).* Geht, Dame Kennedy.
Sorgt, dass mein Oheim uns nicht überfalle!

MARIA *(zur Amme, welche zaudert und die Königin fragend ansieht).* Geh! Geh! Tu, was er sagt.

(Die Amme entfernt sich mit Zeichen der Verwunderung)

SECHSTER AUFTRITT

Mortimer. Maria.

MARIA. Von meinem Oheim!
← Dem Kardinal von Lothringen aus Frankreich! *(Liest)*
„Traut dem Sir Mortimer, der Euch dies bringt,
Denn keinen treuern Freund habt ihr in England."
(Mortimern mit Erstaunen ansehend)
Ist's möglich? Ist's kein Blendwerk, das mich täuscht?
So nahe find ich einen Freund und wähnte mich
Verlassen schon von aller Welt – find ihn
In Euch, dem Neffen meines Kerkermeisters,
In dem ich meinen schlimmsten Feind –
MORTIMER *(sich ihr zu Füßen werfend).*
Verzeihung
Für diese verhasste Larve, Königin,
Die mir zu tragen Kampf genug gekostet,
Doch der ich's danke, dass ich mich Euch nahen,
Euch Hülfe und Errettung bringen kann.
MARIA. Steht auf – Ihr überrascht mich, Sir – Ich kann
So schnell nicht aus der Tiefe meines Elends
Zur Hoffnung übergehen – Redet, Sir –
Macht mir dies Glück begreiflich, dass ich's glaube.
MORTIMER *(steht auf).*
Die Zeit verrinnt. Bald wird mein Oheim hier sein,
Und ein verhasster Mensch begleitet ihn.
Eh' Euch ihr Schreckensauftrag überrascht,
Hört an, wie Euch der Himmel Rettung schickt.
MARIA. Er schickt sie durch ein Wunder seiner Allmacht!
MORTIMER. Erlaubt, dass ich von mir beginne.
MARIA. Redet, Sir!
MORTIMER. Ich zählte zwanzig Jahre, Königin,
In strengen Pflichten war ich aufgewachsen,
In finsterm Hass des Papsttums aufgesäugt,
Als mich die unbezwingliche Begierde
Hinaustrieb auf das feste Land. Ich ließ
← Der Puritaner dumpfe Predigtstuben,
Die Heimat hinter mir, in schnellem Lauf
Durchzog ich Frankreich, das gepriesene
Italien mit heißem Wunsche suchend.

Es war die Zeit des großen Kirchenfests,
Von Pilgerscharen wimmelten die Wege,
Bekränzt war jedes Gottesbild, es war,
Als ob die Menschheit auf der Wandrung wäre,
Wallfahrend nach dem Himmelreich – Mich selbst
Ergriff der Strom der glaubenvollen Menge
Und riss mich in das Weichbild Roms –

Wie ward mir, Königin!
Als mir der Säulen Pracht und Siegesbogen
Entgegenstieg, des Kolosseums Herrlichkeit →
Den Staunenden umfing, ein hoher Bildnergeist
In seine heitre Wunderwelt mich schloss!
Ich hatte nie der Künste Macht gefühlt,
Es hasst die Kirche, die mich auferzog,
Der Sinne Reiz, kein Abbild duldet sie, → Ellipse
Allein das körperlose Wort verehrend.
Wie wurde mir, als ich ins Innre nun
Der Kirchen trat und die Musik der Himmel
Herunterstieg und der Gestalten Fülle
Verschwenderisch aus Wand und Decke quoll,
Das Herrlichste und Höchste, gegenwärtig,
Vor den entzückten Sinnen sich bewegte,
Als ich sie selbst nun sah, die Göttlichen, → Aufzählung (Enumeration)
Den Gruß des Engels, die Geburt des Herrn, →
Die Heil'ge Mutter, die herabgestiegne
Dreifaltigkeit, die leuchtende Verklärung – →
Als ich den Papst drauf sah in seiner Pracht
Das Hochamt halten und die Völker segnen. →
O was ist Goldes, was Juwelen Schein, → Ausruf
Womit der Erde Könige sich schmücken!
Nur Er ist mit dem Göttlichen umgeben.
Ein wahrhaft Reich der Himmel ist sein Haus,
Denn nicht von dieser Welt sind diese Formen.
MARIA. O schonet mein! Nicht weiter. Höret auf,
Den frischen Lebensteppich vor mir aus-
Zubreiten – Ich bin elend und gefangen.
MORTIMER. Auch ich war's, Königin! und mein Gefängnis
Sprang auf und frei auf einmal fühlte sich
Der Geist, des Lebens schönen Tag begrüßend.
Hass schwur ich nun dem engen dumpfen Buch, →
Mit frischem Kranz die Schläfe mir zu schmücken,
Mich fröhlich an die Fröhlichen zu schließen.

Viel edle Schotten drängten sich an mich
Und der Franzosen muntre Landsmannschaften.
Sie brachten mich zu Eurem edeln Oheim,
Dem Kardinal von Guise – Welch ein Mann!
Wie sicher, klar und männlich groß! – Wie ganz
Geboren, um die Geister zu regieren!
Das Muster eines königlichen Priesters,
Ein Fürst der Kirche, wie ich keinen sah!

Kardinal von Guise vgl. Anm. zu V. 387

MARIA. Ihr habt sein teures Angesicht gesehn,
Des viel geliebten, des erhabnen Mannes,
Der meiner zarten Jugend Führer war.
O redet mir von ihm. Denkt er noch mein?
Liebt ihn das Glück, blüht ihm das Leben noch,
Steht er noch herrlich da, ein Fels der Kirche?
MORTIMER. Der Treffliche ließ selber sich herab,
Die hohen Glaubenslehren mir zu deuten
Und meines Herzens Zweifel zu zerstreun.
Er zeigte mir, dass grübelnde Vernunft
Den Menschen ewig in der Irre leitet,
Dass seine Augen sehen müssen, was
Das Herz soll glauben, dass ein sichtbar Haupt
Der Kirche nottut, dass der Geist der Wahrheit
Geruht hat auf den Sitzungen der Väter.
Die Wahnbegriffe meiner kind'schen Seele,
Wie schwanden sie vor seinem siegenden
Verstand und vor der Suada seines Mundes!
Ich kehrte in der Kirche Schoß zurück,
Schwur meinen Irrtum ab in seine Hände.

Suada *(lateinisch)* Gabe der überzeugenden Rede

MARIA. So seid Ihr einer jener Tausende,
Die er mit seiner Rede Himmelskraft,
Wie der erhabne Prediger des Berges,
Ergriffen und zum ew'gen Heil geführt!
MORTIMER. Als ihn des Amtes Pflichten bald darauf
Nach Frankreich riefen, sandt' er mich nach Reims,
Wo die Gesellschaft Jesu, fromm geschäftig,
Für Englands Kirche Priester auferzieht.
Den edeln Schotten Morgan fand ich hier,
Auch Euren treuen Leßley, den gelehrten
Bischof von Roße, die auf Frankreichs Boden
Freudlose Tage der Verbannung leben –
Eng schloss ich mich an diese Würdigen
Und stärkte mich im Glauben – Eines Tags,
Als ich mich umsah in des Bischofs Wohnung,

Fiel mir ein weiblich Bildnis in die Augen,
Von rührend wundersamem Reiz, gewaltig
Ergriff es mich in meiner tiefsten Seele,
Und des Gefühls nicht mächtig stand ich da.
Da sagte mir der Bischof: Wohl mit Recht
Mögt Ihr gerührt bei diesem Bilde weilen.
Die schönste aller Frauen, welche leben,
Ist auch die jammernswürdigste von allen,
Um unsers Glaubens willen duldet sie,
Und Euer Vaterland ist's, wo sie leidet.
MARIA. Der Redliche! Nein, ich verlor nicht alles,
Da solcher Freund im Unglück mir geblieben.
MORTIMER. Drauf fing er an, mit herzerschütternder
Beredsamkeit mir Euer Märtyrtum →
Und Eurer Feinde Blutgier abzuschildern.
Auch Euern Stammbaum wies er mir, er zeigte
Mir Eure Abkunft von dem hohen Hause
Der Tudor, überzeugte mich, dass Euch
Allein gebührt, in Engelland zu herrschen,
Nicht dieser Afterkönigin, gezeugt
In ehebrecherischem Bett, die Heinrich,
Ihr Vater, selbst verwarf als Bastardtochter. →
Nicht seinem einz'gen Zeugnis wollt' ich traun,
Ich holte Rat bei allen Rechtsgelehrten,
Viel alte Wappenbücher schlug ich nach,
Und alle Kundige, die ich befragte,
Bestätigten mir Eures Anspruchs Kraft.
Ich weiß nunmehr, dass Euer gutes Recht
An England Euer ganzes Unrecht ist,
Dass Euch dies Reich als Eigentum gehört,
Worin Ihr schuldlos als Gefangne schmachtet.
MARIA. O dieses unglücksvolle Recht! Es ist
Die einz'ge Quelle aller meiner Leiden.
MORTIMER. Um diese Zeit kam mir die Kunde zu,
Dass Ihr aus Talbots Schloss hinweggeführt
Und meinem Oheim übergeben worden –
Des Himmels wundervolle Rettungshand
Glaubt' ich in dieser Fügung zu erkennen,
Ein lauter Ruf des Schicksals war sie mir,
Das m e i n e n Arm gewählt, Euch zu befreien.
Die Freunde stimmen freudig bei, es gibt
Der Kardinal mir seinen Rat und Segen
Und lehrt mich der Verstellung schwere Kunst.

Stammbaum vgl. Materialien, S. 144

Afterkönigin falsche Königin

Schnell ward der Plan entworfen, und ich trete
Den Rückweg an ins Vaterland, wo ich,
Ihr wisst's, vor zehen Tagen bin gelandet.
(Er hält inne)
Ich sah Euch, Königin – Euch selbst!
Nicht Euer Bild! – O welchen Schatz bewahrt
Dies Schloss! Kein Kerker! Eine Götterhalle,
Glanzvoller als der königliche Hof
Von England – O des Glücklichen, dem es
Vergönnt ist, e i n e Luft mit Euch zu atmen!

Wohl hat sie Recht, die Euch so tief verbirgt!
Aufstehen würde Englands ganze Jugend,
Kein Schwert in seiner Scheide müßig bleiben
Und die Empörung mit gigantischem Haupt
Durch diese Friedensinsel schreiten, sähe
Der Brite seine Königin!
MARIA. Wohl ihr!
Säh jeder Brite sie mit Euren Augen!
MORTIMER. Wär er, wie ich, ein Zeuge Eurer Leiden,
Der Sanftmut Zeuge und der edlen Fassung,
Womit Ihr das Unwürdige erduldet.
Denn geht Ihr nicht aus allen Leidensproben
Als eine Königin hervor? Raubt Euch
Des Kerkers Schmach von Eurem Schönheitsglanze?
Euch mangelt alles, was das Leben schmückt,
Und doch umfließt Euch ewig Licht und Leben.
Nie setz ich meinen Fuß auf diese Schwelle,
Dass nicht mein Herz zerrissen wird von Qualen,
Nicht von der Lust entzückt, Euch anzuschauen! –
Doch furchtbar naht sich die Entscheidung, wachsend
Mit jeder Stunde dringet die Gefahr,
Ich darf nicht länger säumen – Euch nicht länger
Das Schreckliche verbergen –
MARIA. Ist mein Urteil
Gefällt? Entdeckt mir's frei. Ich kann es hören.
MORTIMER. Es ist gefällt. Die zweiundvierzig Richter haben
Ihr S c h u l d i g ausgesprochen über Euch. Das Haus
Der Lords und der Gemeinen, die Stadt London
Bestehen heftig dringend auf des Urteils
Vollstreckung, nur die Königin säumt noch
– Aus arger List, dass man sie nötige,
Nicht aus Gefühl der Menschlichkeit und Schonung.

MARIA *(mit Fassung).*
Sir Mortimer, Ihr überrascht mich nicht,
Erschreckt mich nicht. Auf solche Botschaft war ich
Schon längst gefasst. Ich kenne meine Richter.
Nach den Misshandlungen, die ich erlitten,
Begreif ich wohl, dass man die Freiheit mir
Nicht schenken kann – Ich weiß, wo man hinauswill.
In ew'gem Kerker will man mich bewahren
Und meine Rache, meinen Rechtsanspruch
Mit mir verscharren in Gefängnisnacht.
MORTIMER. Nein, Königin – o nein! nein! Dabei steht man
Nicht still. Die Tyrannei begnügt sich nicht,
Ihr Werk nur halb zu tun. Solang Ihr lebt,
Lebt auch die Furcht der Königin von England.
Euch kann kein Kerker tief genug begraben,
Nur Euer Tod versichert ihren Thron.
MARIA. Sie könnt es wagen, mein gekröntes Haupt
Schmachvoll auf einen Henkerblock zu legen?
MORTIMER. Sie wird es wagen. Zweifelt nicht daran.
MARIA. Sie könnte so die eigne Majestät
Und aller Könige im Staube wälzen?
Und fürchtet sie die Rache Frankreichs nicht?
MORTIMER. Sie schließt mit Frankreich einen ew'gen Frieden,
Dem Duc von Anjou schenkt sie Thron und Hand. →
MARIA. Wird sich der König Spaniens nicht waffnen?
MORTIMER. Nicht eine Welt in Waffen fürchtet sie,
Solang sie Frieden hat mit ihrem Volke.
MARIA. Den Briten wollte sie dies Schauspiel geben?
MORTIMER. Dies Land, Mylady, hat in letzten Zeiten
Der königlichen Frauen m e h r vom Thron →
Herab aufs Blutgerüste steigen sehn.
Die eigne Mutter der Elisabeth
Ging diesen Weg, und Katharina Howard,
Auch Lady Gray war ein gekröntes Haupt.
MARIA *(nach einer Pause).*
Nein, Mortimer! Euch blendet eitle Furcht.
Es ist die Sorge Eures treuen Herzens,
Die Euch vergebne Schrecknisse erschafft.
Nicht das Schafott ist's, das ich fürchte, Sir.
Es gibt noch andre Mittel, stillere,
Wodurch sich die Beherrscherin von England
Vor meinem Anspruch Ruhe schaffen kann.
Eh sich ein Henker für mich findet, wird

vergebne Schrecknisse unnütze Schrecknisse

Noch eher sich ein Mörder dingen lassen.
– Das ist's, wovor ich zittre, Sir! und nie
Setz ich des Bechers Rand an meine Lippen,
Dass nicht ein Schauder mich ergreift, er könnte
Kredenzt sein von der Liebe meiner Schwester.
MORTIMER. Nicht offenbar noch heimlich soll's dem Mord
Gelingen, Euer Leben anzutasten.
Seid ohne Furcht! Bereitet ist schon alles,
Zwölf edle Jünglinge des Landes sind
In meinem Bündnis, haben heute früh
Das Sakrament darauf empfangen, Euch
Mit starkem Arm aus diesem Schloss zu führen.
Graf Aubespine, der Abgesandte Frankreichs,
Weiß um den Bund, er bietet selbst die Hände,
Und sein Palast ist's, wo wir uns versammeln.
MARIA. Ihr macht mich zittern, Sir – doch nicht für Freude.
Mir fliegt ein böses Ahnen durch das Herz.
Was unternehmt ihr? Wisst ihr's? Schrecken euch
Nicht Babingtons, nicht Tichburns blut'ge Häupter,
Auf Londons Brücke warnend aufgesteckt,
Nicht das Verderben der Unzähligen,
Die ihren Tod in gleichem Wagstück fanden
Und meine Ketten schwerer nur gemacht?
Unglücklicher, verführter Jüngling – flieht!
Flieht, wenn's noch Zeit ist – wenn der Späher Burleigh
Nicht jetzt schon Kundschaft hat von euch, nicht schon
In eure Mitte den Verräter mischte.
Flieht aus dem Reiche schnell! Marien Stuart
Hat noch kein Glücklicher beschützt.
MORTIMER. Mich schrecken
Nicht Babingtons, nicht Tichburns blut'ge Häupter,
Auf Londons Brücke warnend aufgesteckt,
Nicht das Verderben der unzähl'gen andern,
Die ihren Tod in gleichem Wagstück fanden,
Sie fanden auch darin den ew'gen Ruhm,
Und Glück schon ist's, für Eure Rettung sterben.
MARIA. Umsonst! Mich rettet nicht Gewalt, nicht List.
Der Feind ist wachsam und die Macht ist sein.
Nicht Paulet nur und seiner Wächter Schar,
Ganz England hütet meines Kerkers Tore.
Der freie Wille der Elisabeth allein
Kann sie mir auftun.
MORTIMER. O das hoffet nie!

Babington vgl. Anm. zu V. 70
Tichburn Tichburn gehörte zu dem Kreis um Babington.

MARIA. Ein einz'ger Mann lebt, der sie öffnen kann.
MORTIMER. O nennt mir diesen Mann –
MARIA Graf Leicester!
MORTIMER *(tritt erstaunt zurück).* Leicester!
Graf Leicester! – Euer blutigster Verfolger,
Der Günstling der Elisabeth – von diesem –
MARIA. Bin ich zu retten, ist's allein durch ihn.
– Geht zu ihm. Öffnet Euch ihm frei.
Und zur Gewähr, dass ich's bin, die Euch sendet,
Bringt ihm dies Schreiben. Es enthält mein Bildnis.
(Sie zieht ein Papier aus dem Busen, Mortimer tritt zurück und zögert, es anzunehmen)
Nehmt hin. Ich trag es lange schon bei mir,
Weil Eures Oheims strenge Wachsamkeit
Mir jeden Weg zu ihm gehemmt – Euch sandte
Mein guter Engel –
MORTIMER. Königin – dies Rätsel –
Erklärt es mir –
MARIA. Graf Leicester wird's Euch lösen.
Vertraut ihm, er wird Euch vertraun – Wer kommt?
KENNEDY *(eilfertig eintretend).*
Sir Paulet naht mit einem Herrn vom Hofe.
MORTIMER. Es ist Lord Burleigh. Fasst Euch, Königin!
Hört es mit Gleichmut an, was er Euch bringt.
(Er entfernt sich durch eine Seitentür, Kennedy folgt ihm)

SIEBENTER AUFTRITT

Maria. Lord Burleigh, Großschatzmeister von England, und Ritter Paulet.

PAULET. Ihr wünschtet heut Gewissheit Eures Schicksals,
Gewissheit bringt Euch seine Herrlichkeit,
Mylord von Burleigh. Tragt sie mit Ergebung.
MARIA. Mit Würde, hoff ich, die der Unschuld ziemt.
BURLEIGH. Ich komme als Gesandter des Gerichts.
MARIA. Lord Burleigh leiht dienstfertig dem Gerichte,
Dem er den Geist geliehn, nun auch den Mund.
PAULET. Ihr sprecht, als wüsstet ihr bereits das Urteil.
MARIA. Da es Lord Burleigh bringt, so weiß ich es.
– Zur Sache, Sir.
BURLEIGH. Ihr habt Euch dem Gericht

Der Zweiundvierzig unterworfen, Lady –
MARIA. Verzeiht, Mylord, dass ich Euch gleich zu Anfang
Ins Wort muss fallen – Unterworfen hätt ich mich
Dem Richterspruch der Zweiundvierzig, sagt Ihr?
Ich habe keineswegs mich unterworfen.
Nie konnt' ich das – ich konnte meinem Rang,
Der Würde meines Volks und meines Sohnes
Und aller Fürsten nicht so viel vergeben.
Verordnet ist im englischen Gesetz,
Dass jeder Angeklagte durch Geschworne
Von seinesgleichen soll gerichtet werden.
Wer in der Committee ist meinesgleichen?
Nur Könige sind meine Peers.
BURLEIGH. Ihr hörtet
Die Klagartikel an, ließt Euch darüber
Vernehmen vor Gerichte –
MARIA. Ja, ich habe mich
Durch Hattons arge List verleiten lassen,
Bloß meiner Ehre wegen, und im Glauben
An meiner Gründe siegende Gewalt,
Ein Ohr zu leihen jenen Klagepunkten
Und ihren Ungrund darzutun – Das tat ich
Aus Achtung für die würdigen Personen
Der Lords, nicht für ihr Amt, das ich verwerfe.
BURLEIGH. Ob Ihr sie anerkennt, ob nicht, Mylady,
Das ist nur eine leere Förmlichkeit,
Die des Gerichtes Lauf nicht hemmen kann.
Ihr atmet Englands Luft, genießt den Schutz,
Die Wohltat des Gesetzes, und so seid Ihr
Auch seiner Herrschaft untertan!
MARIA. Ich atme
Die Luft in einem englischen Gefängnis.
Heißt das in England leben, der Gesetze
Wohltat genießen? Kenn ich sie doch kaum.
Nie hab ich eingewilligt, sie zu halten.
Ich bin nicht dieses Reiches Bürgerin, Bin
eine freie Königin des Auslands.
BURLEIGH. Und denkt Ihr, dass der königliche Name
Zum Freibrief dienen könne, blut'ge Zwietracht
In fremdem Lande straflos auszusäen?
Wie stünd es um die Sicherheit der Staaten,
Wenn das gerechte Schwert der Themis nicht
Die schuld'ge Stirn des königlichen Gastes

Committee Ausschuss oder Gerichtshof ←

Themis griechische Göttin der Sitte und Ordnung

Erreichen könnte, wie des Bettlers Haupt?
MARIA. Ich will mich nicht der Rechenschaft entziehn,
Die Richter sind es nur, die ich verwerfe.
BURLEIGH. Die Richter! Wie, Mylady? Sind es etwa
Vom Pöbel aufgegriffene Verworfne,
Schamlose Zungendrescher, denen Recht
Und Wahrheit feil ist, die sich zum Organ
Der Unterdrückung willig dingen lassen?
Sind's nicht die ersten Männer dieses Landes,
Selbstständig g'nug, um wahrhaft sein zu dürfen,
Um über Fürstenfurcht und niedrige
Bestechung weit erhaben sich zu sehn?
Sind's nicht dieselben, die ein edles Volk
Frei und gerecht regieren, deren Namen
Man nur zu nennen braucht, um jeden Zweifel,
Um jeden Argwohn schleunig stumm zu machen?
An ihrer Spitze steht der Völkerhirte,
Der fromme Primas von Canterbury, →
Der weise Talbot, der des Siegels wahret,
Und Howard, der des Reiches Flotten führt. →
Sagt! Konnte die Beherrscherin von England
Mehr tun, als aus der ganzen Monarchie
Die Edelsten auslesen und zu Richtern
In diesem königlichen Streit bestellen?
Und wär's zu denken, dass Parteienhass
Den Einzelnen bestäche – Können vierzig
Erlesne Männer sich in einem Spruche
Der Leidenschaft vereinigen?
MARIA *(nach einigem Stillschweigen).*
Ich höre staunend die Gewalt des Mundes,
Der mir von je so unheilbringend war –
Wie werd ich mich, ein ungelehrtes Weib,
Mit so kunstfert'gem Redner messen können! –
Wohl! wären diese Lords, wie Ihr sie schildert,
Verstummen müsst ich, hoffnungslos verloren
Wär meine Sache, sprächen sie mich schuldig.
Doch diese Namen, die Ihr preisend nennt,
Die mich durch ihr Gewicht zermalmen sollen,
Mylord, ganz andere Rollen seh ich sie
In den Geschichten dieses Landes spielen.
Ich sehe diesen hohen Adel Englands,
Des Reiches majestätischen Senat,
Gleich Sklaven des Serails den Sultanslaunen

Talbot
Der historische Talbot war nicht Großsiegelbewahrer.

Serail
(persisch) Palast des Herrschers

Heinrichs des Achten, meines Großohms, schmeicheln –
Ich sehe dieses edle Oberhaus,
Gleich feil mit den erkäuflichen Gemeinen,
Gesetze prägen und verrufen, Ehen
Auflösen, binden, wie der Mächtige
Gebietet, Englands Fürstentöchter heute
Enterben, mit dem Bastardnamen schänden
Und morgen sie zu Königinnen krönen.
Ich sehe diese würd'gen Peers mit schnell
Vertauschter Überzeugung unter vier
Regierungen den Glauben vier Mal ändern –

BURLEIGH.
Ihr nennt Euch fremd in Englands Reichsgesetzen,
In Englands Unglück seid Ihr sehr bewandert.

MARIA. Und das sind meine Richter! – Lord Schatzmeister!
Ich will gerecht sein gegen Euch! Seid Ihr's
Auch gegen mich – Man sagt, Ihr meint es gut
Mit diesem Staat, mit Eurer Königin,
Seid unbestechlich, wachsam, unermüdet –
Ich will es glauben. Nicht der eigne Nutzen
Regiert Euch, Euch regiert allein der Vorteil
Des Souveräns, des Landes. Eben darum
Misstraut Euch, edler Lord, dass nicht der Nutzen
Des Staats Euch als Gerechtigkeit erscheine.
Nicht zweifl' ich dran, es sitzen neben Euch
Noch edle Männer unter meinen Richtern.
Doch sie sind Protestanten, Eiferer
Für Englands Wohl, und sprechen über mich,
Die Königin von Schottland, die Papistin!
Es kann der Brite gegen den Schotten nicht
Gerecht sein, ist ein uralt Wort – Drum ist
Herkömmlich seit der Väter grauen Zeit,
Dass vor Gericht kein Brite gegen den Schotten,
Kein Schotte gegen jenen zeugen darf.
Die Not gab dieses seltsame Gesetz,
Ein tiefer Sinn wohnt in den alten Bräuchen,
Man muss sie ehren, Mylord – die Natur
Warf diese beiden feur'gen Völkerschaften
Auf dieses Brett im Ozean, ungleich
Verteilte sie's und hieß sie darum kämpfen.
Der Tweede schmales Bette trennt allein
Die heft'gen Geister, oft vermischte sich
Das Blut der Kämpfenden in ihren Wellen.

Souverain *(französisch)* Herrscher

Tweed Grenzfluss zwischen Schottland und England

Die Hand am Schwerte, schauen sie sich drohend
Von beiden Ufern an, seit tausend Jahren.
Kein Feind bedränget Engelland, dem nicht
Der Schotte sich zum Helfer zugesellte,
Kein Bürgerkrieg entzündet Schottlands Städte,
Zu dem der Brite nicht den Zunder trug.
Und nicht erlöschen wird der Hass, bis endlich
Ein Parlament sie brüderlich vereint, →
Ein Zepter waltet durch die ganze Insel.
BURLEIGH. Und eine Stuart sollte dieses Glück
Dem Reich gewähren?
MARIA. Warum soll ich's leugnen?
Ja, ich gesteh's, dass ich die Hoffnung nährte,
Zwei edle Nationen unterm Schatten
Des Ölbaums frei und fröhlich zu vereinen.
Nicht ihres Völkerhasses Opfer glaubt' ich
Zu werden; ihre lange Eifersucht,
Der alten Zwietracht unglücksel'ge Glut
Hofft' ich auf ew'ge Tage zu ersticken
Und, wie mein Ahnherr Richmond die zwei Rosen →
Zusammenband nach blut'gem Streit, die Kronen →
Schottland und England friedlich zu vermählen.
BURLEIGH. Auf schlimmem Weg verfolgt Ihr dies Ziel,
Da Ihr das Reich entzünden, durch die Flammen
Des Bürgerkriegs zum Throne steigen wolltet.
MARIA.
Das wollt' ich nicht – beim großen Gott des Himmels!
Wann hätt ich das gewollt? Wo sind die Proben?
BURLEIGH. Nicht Streitens wegen kam ich her. Die Sache
Ist keinem Wortgefecht mehr unterworfen.
Es ist erkannt durch vierzig Stimmen gegen zwei,
Dass Ihr die Akte vom vergangnen Jahr →
Gebrochen, dem Gesetz verfallen seid.
Es ist verordnet im vergangnen Jahr:
„Wenn sich Tumult im Königreich erhübe,
Im Namen und zum Nutzen irgendeiner
Person, die Rechte vorgibt an die Krone,
Dass man gerichtlich gegen sie verfahre,
Bis in den Tod die schuldige verfolge“ –
Und da bewiesen ist –
MARIA. Mylord von Burleigh!
Ich zweifle nicht, dass ein Gesetz, ausdrücklich
Auf mich gemacht, verfasst, mich zu verderben,

Sich gegen mich wird brauchen lassen – Wehe
Dem armen Opfer, wenn derselbe Mund,
Der das Gesetz gab, auch das Urteil spricht!
Könnt Ihr es leugnen, Lord, dass jene Akte
Zu meinem Untergang ersonnen ist?
BURLEIGH. Zu Eurer Warnung sollte sie gereichen,
Zum Fallstrick habt Ihr selber sie gemacht.
Den Abgrund saht Ihr, der vor Euch sich auftat,
Und treu gewarnet stürztet Ihr hinein.
Ihr wart mit Babington, dem Hochverräter,
Und seinen Mordgesellen einverstanden,
Ihr hattet Wissenschaft von allem, lenktet
Aus Eurem Kerker planvoll die Verschwörung.
MARIA. Wann hätt ich das getan? Man zeige mir
Die Dokumente auf.
BURLEIGH. Die hat man Euch
Schon neulich vor Gerichte vorgewiesen.
MARIA. Die Kopien, von fremder Hand geschrieben!
Man bringe die Beweise mir herbei,
Dass ich sie selbst diktiert, dass ich sie so
Diktiert, gerade so, wie man gelesen.
BURLEIGH. Dass es dieselben sind, die er empfangen,
Hat Babington vor seinem Tod bekannt.
MARIA. Und warum stellte man ihn mir nicht lebend
Vor Augen? Warum eilte man so sehr,
Ihn aus der Welt zu fördern, eh man ihn
Mir, Stirne gegen Stirne, vorgeführt?
BURLEIGH. Auch Eure Schreiber, Kurl und Nau, erhärten
Mit einem Eid, dass es die Briefe seien,
Die sie aus Eurem Munde niederschrieben.

Kurl und Nau vgl. Anm. zu V. 3917 f.

MARIA. Und auf das Zeugnis meiner Hausbedienten
Verdammt man mich? Auf Treu und Glauben derer,
Die mich verraten, ihre Königin,
Die in demselben Augenblick die Treu
Mir brachen, da sie gegen mich gezeugt?
BURLEIGH. Ihr selbst erklärtet sonst den Schotten Kurl
Für einen Mann von Tugend und Gewissen.
MARIA. So kannt' ich ihn – doch eines Mannes Tugend
Erprobt allein die Stunde der Gefahr.
Die Folter konnt' ihn ängstigen, dass er
Aussagte und gestand, was er nicht wusste!
Durch falsches Zeugnis glaubt' er sich zu retten
Und mir, der Königin, nicht viel zu schaden.

BURLEIGH. Mit einem freien Eid hat er's beschworen.
MARIA. Vor meinem Angesichte nicht! – Wie, Sir?
Das sind zwei Zeugen, die noch beide leben!
Man stelle sie mir gegenüber, lasse sie
Ihr Zeugnis mir ins Antlitz wiederholen!
Warum mir eine Gunst, ein Recht verweigern,
Das man dem Mörder nicht versagt? Ich weiß
Aus Talbots Munde, meines vor'gen Hüters,
Dass unter dieser nämlichen Regierung
Ein Reichsschluss durchgegangen, der befiehlt,
Den Kläger dem Beklagten vorzustellen.
Wie? Oder hab ich falsch gehört? – Sir Paulet!
Ich hab Euch stets als Biedermann erfunden,
Beweist es jetzo. Sagt mir auf Gewissen,
Ist's nicht so? Gibt's kein solch Gesetz in England?
PAULET. So ist's, Mylady. Das ist bei uns rechtens.
Was wahr ist, muss ich sagen.
MARIA. Nun, Mylord!
Wenn man mich denn so streng nach englischem Recht
Behandelt, wo dies Recht mich unterdrückt,
Warum dasselbe Landesrecht umgehen,
Wenn es mir Wohltat werden kann? – Antwortet!
Warum ward Babington mir nicht vor Augen
Gestellt, wie das Gesetz befiehlt? Warum
Nicht meine Schreiber, die noch beide leben?
BURLEIGH. Ereifert Euch nicht, Lady. Euer Einverständnis
Mit Babington ist's nicht allein –
MARIA. Es ist's
Allein, was mich dem Schwerte des Gesetzes
Bloßstellt, wovon ich mich zu rein'gen habe.
Mylord! Bleibt bei der Sache. Beugt nicht aus.
BURLEIGH. Es ist bewiesen, dass Ihr mit Mendoza,
Dem spanischen Botschafter, unterhandelt –
MARIA *(lebhaft)*.
Bleibt bei der Sache, Lord!
BURLEIGH. Dass Ihr Anschläge
Geschmiedet, die Religion des Landes
Zu stürzen, alle Könige Europens
Zum Krieg mit England aufgeregt –
MARIA. Und wenn ich's
Getan? Ich hab es nicht getan – Jedoch
Gesetzt, ich tat's! – Mylord, man hält mich hier
Gefangen wider alle Völkerrechte.

ausbeugen ausbiegen, ausweichen

→

Nicht mit dem Schwerte kam ich in dies Land,
Ich kam herein, als eine Bittende,
Das heil'ge Gastrecht fodernd, in den Arm
Der blutsverwandten Königin mich werfend –
Und so ergriff mich die Gewalt, bereitete
Mir Ketten, wo ich Schutz gehofft – Sagt an!
Ist mein Gewissen gegen diesen Staat
Gebunden? Hab ich Pflichten gegen England?
Ein heilig Zwangsrecht üb ich aus, da ich
Aus diesen Banden strebe, Macht mit Macht
Abwende, alle Staaten dieses Weltteils
Zu meinem Schutz aufrühre und bewege.
Was irgend nur in einem guten Krieg
Recht ist und ritterlich, das darf ich üben.
Den Mord allein, die heimlich blut'ge Tat,
Verbietet mir mein Stolz und mein Gewissen,
Mord würde mich beflecken und entehren.
Entehren sag ich – keinesweges mich
Verdammen, einem Rechtsspruch unterwerfen.
Denn nicht vom Rechte, von Gewalt allein
Ist zwischen mir und Engelland die Rede.

BURLEIGH *(bedeutend).*
Nicht auf der Stärke schrecklich Recht beruft Euch,
Mylady! Es ist der Gefangenen nicht günstig.

MARIA. Ich bin die Schwache, sie die Mächt'ge –Wohl!
Sie brauche die Gewalt, sie töte mich,
Sie bringe ihrer Sicherheit das Opfer.
Doch sie gestehe dann, dass sie die Macht
Allein, nicht die Gerechtigkeit geübt.
Nicht vom Gesetze borge sie das Schwert,
Sich der verhassten Feindin zu entladen,
Und kleide nicht in heiliges Gewand
Der rohen Stärke blutiges Erkühnen.
Solch Gaukelspiel betrüge nicht die Welt!
Ermorden lassen kann sie mich, nicht richten!
Sie geb es auf, mit des Verbrechens Früchten
Den heil'gen Schein der Tugend zu vereinen,
Und was sie i s t, das wage sie zu scheinen!
(Sie geht ab)

ACHTER AUFTRITT

Burleigh. Paulet.

BURLEIGH. Sie trotzt uns – wird uns trotzen, Ritter Paulet,
Bis an die Stufen des Schafotts – Dies stolze Herz
Ist nicht zu brechen – Überraschte sie
Der Urtelsspruch? Saht Ihr sie eine Träne
Vergießen? Ihre Farbe nur verändern?
Nicht unser Mitleid ruft sie an. Wohl kennt sie
Den Zweifelmut der Königin von England,
Und unsre Furcht ist's, was sie mutig macht.

PAULET.
Lord Großschatzmeister! Dieser eitle Trotz wird schnell
Verschwinden, wenn man ihm den Vorwand raubt.
Es sind Unziemlichkeiten vorgegangen
In diesem Rechtsstreit, wenn ich's sagen darf.
Man hätte diesen Babington und Tichburn
Ihr in Person vorführen, ihre Schreiber
Ihr gegenüberstellen sollen.

BURLEIGH *(schnell).* Nein!
Nein, Ritter Paulet! Das war nicht zu wagen.
Zu groß ist ihre Macht auf die Gemüter
Und ihrer Tränen weibliche Gewalt.
Ihr Schreiber Kurl, ständ er ihr gegenüber,
Käm es dazu, das Wort nun auszusprechen,
An dem ihr Leben hängt – er würde zaghaft
Zurückziehn, sein Geständnis widerrufen –

PAULET. So werden Englands Feinde alle Welt
Erfüllen mit gehässigen Gerüchten,
Und des Prozesses festliches Gepräng
Wird als ein kühner Frevel nur erscheinen.

BURLEIGH. Dies ist der Kummer unsrer Königin –
Dass diese Stifterin des Unheils doch
Gestorben wäre, ehe sie den Fuß
Auf Englands Boden setzte!

PAULET. Dazu sag ich Amen.

BURLEIGH. Dass Krankheit sie im Kerker aufgerieben!

PAULET. Viel Unglück hätt es diesem Land erspart.

BURLEIGH. Doch hätt auch gleich ein Zufall der Natur
Sie hingerafft – Wir hießen doch die Mörder.

PAULET.
Wohl wahr. Man kann den Menschen nicht verwehren,

Zu denken, was sie wollen.
BURLEIGH. Zu beweisen wär's
Doch nicht und würde weniger Geräusch erregen –
PAULET. Mag es Geräusch erregen! Nicht der laute,
Nur der gerechte Tadel kann verletzen.
BURLEIGH. Oh! auch die heilige Gerechtigkeit
Entflieht dem Tadel nicht. Die Meinung hält es
Mit dem Unglücklichen, es wird der Neid
Stets den obsiegend Glücklichen verfolgen.
Das Richterschwert, womit der Mann sich ziert,
Verhasst ist's in der Frauen Hand. Die Welt
Glaubt nicht an die Gerechtigkeit des Weibes,
Sobald ein Weib das Opfer wird. Umsonst,
Dass wir, die Richter, nach Gewissen sprachen!
Sie hat der Gnade königliches Recht.
Sie muss es brauchen; unerträglich ist's,
Wenn sie den strengen Lauf lässt dem Gesetze!
PAULET. Und also –
BURLEIGH *(rasch einfallend)*. Also soll sie leben? Nein!
Sie darf nicht leben! Nimmermehr! Dies, eben
Dies ist's, was unsre Königin beängstigt –
Warum der Schlaf ihr Lager flieht – Ich lese
In ihren Augen ihrer Seele Kampf,
Ihr Mund wagt ihre Wünsche nicht zu sprechen,
Doch viel bedeutend fragt ihr stummer Blick:
Ist unter allen meinen Dienern keiner,
Der die verhasste Wahl mir spart, in ew'ger Furcht
Auf meinem Thron zu zittern, oder grausam
Die Königin, die eigne Blutsverwandte
Dem Beil zu unterwerfen?
PAULET.
Das ist nun die Notwendigkeit, steht nicht zu ändern.
BURLEIGH. Wohl stünd's zu ändern, meint die Königin,
Wenn sie nur aufmerksamre Diener hätte.
PAULET. Aufmerksamre?
BURLEIGH. Die einen stummen Auftrag
Zu deuten wissen.
PAULET. Einen stummen Auftrag!
BURLEIGH. Die, wenn man ihnen eine gift'ge Schlange
Zu hüten gab, den anvertrauten Feind
Nicht wie ein heilig teures Kleinod hüten.
PAULET *(bedeutungsvoll)*.
Ein hohes Kleinod ist der gute Name,

Der unbescholtne Ruf der Königin,
Den kann man nicht zu wohl bewachen, Sir!
BURLEIGH. Als man die Lady von dem Shrewsbury
Wegnahm und Ritter Paulets Hut vertraute,
Da war die Meinung –
PAULET. Ich will hoffen, Sir,
Die Meinung war, dass man den schwersten Auftrag
Den reinsten Händen übergeben wollte.
Bei Gott! Ich hätte dieses Schergenamt
Nicht übernommen, dächt ich nicht, dass es
Den besten Mann in England foderte.
Lasst mich nicht denken, dass ich's etwas anderm
Als meinem reinen Rufe schuldig bin.
BURLEIGH. Man breitet aus, sie schwinde, lässt sie kränker
Und kränker werden, endlich still verscheiden,
So stirbt sie in der Menschen Angedenken –
Und Euer Ruf bleibt rein.
PAULET. Nicht mein Gewissen.
BURLEIGH. Wenn Ihr die eigne Hand nicht leihen wollt,
So werdet Ihr der fremden doch nicht wehren –
PAULET *(unterbricht ihn).*
Kein Mörder soll sich ihrer Schwelle nah'n,
Solang die Götter meines Dachs sie schützen.
Ihr Leben ist mir heilig, heil'ger nicht
Ist mir das Haupt der Königin von England.
Ihr seid die Richter! Richtet! Brecht den Stab!
Und wenn es Zeit ist, lasst den Zimmerer
Mit Axt und Säge kommen, das Gerüst
Aufschlagen – für den Sheriff und den Henker
Soll meines Schlosses Pforte offen sein.
Jetzt ist sie zur Bewahrung mir vertraut,
Und seid gewiss, ich werde sie bewahren,
Dass sie nichts Böses tun soll, noch erfahren!
(Gehen ab)

Götter meines Dachs die das Gastrecht sichernden Hausgötter
→

→

ZWEITER AUFZUG

Der Palast zu Westminster

ERSTER AUFTRITT

Der Graf von Kent und Sir William Davison begegnen einander.

Turnierplatz Turnier – ritterliches Kampfspiel

DAVISON.
Seid Ihr's, Mylord von Kent? Schon vom Turnierplatz
Zurück, und ist die Festlichkeit zu Ende?
KENT. Wie? Wohntet Ihr dem Ritterspiel nicht bei?
DAVISON. Mich hielt mein Amt.
KENT. Ihr habt das schönste Schauspiel
Verloren, Sir, das der Geschmack ersonnen
Und edler Anstand ausgeführt – denn wisst!
Es wurde vorgestellt die keusche Festung
Der Schönheit, wie sie vom Verlangen
Berennt wird – Der Lord Marschall, Oberrichter,
Der Seneschall nebst zehen andern Rittern
Der Königin verteidigten die Festung,
Und Frankreichs Kavaliere griffen an.
Voraus erschien ein Herold, der das Schloss
← Auffoderte in einem Madrigale,
Und von dem Wall antwortete der Kanzler.
Drauf spielte das Geschütz, und Blumensträuße,
Wohlriechend köstliche Essenzen wurden
Aus niedlichen Feldstücken abgefeuert.
Umsonst! die Stürme wurden abgeschlagen,
Und das Verlangen musste sich zurückziehn.
DAVISON. Ein Zeichen böser Vorbedeutung, Graf,
Für die französische Brautwerbung.

französische Brautwerbung vgl. Anm. zu V. 607

KENT. Nun, nun, das war ein Scherz – Im Ernste denk ich,
Wird sich die Festung endlich doch ergeben.
DAVISON. Glaubt Ihr? Ich glaub es nimmermehr.
KENT. Die schwierigsten Artikel sind bereits
Berichtigt und von Frankreich zugestanden.
← Monsieur begnügt sich, in verschlossener
Kapelle seinen Gottesdienst zu halten
Und öffentlich die Reichsreligion
Zu ehren und zu schützen – Hättet Ihr den Jubel
Des Volks gesehn, als diese Zeitung sich verbreitet!

Reichsreligion Religion der anglikanischen Kirche

Denn dieses war des Landes ew'ge Furcht,
Sie möchte sterben ohne Leibeserben
Und England wieder Papstes Fesseln tragen,
Wenn ihr die Stuart auf dem Throne folgte.
DAVISON. Der Furcht kann es entledigt sein – Sie geht
Ins Brautgemach, die Stuart geht zum Tode.
KENT. Die Königin kommt!

ZWEITER AUFTRITT

Die Vorigen. Elisabeth, von Leicester geführt. Graf Aubespine, Bellievre, Graf Shrewsbury, Lord Burleigh mit noch andern französischen und englischen Herren treten auf.

ELISABETH *(zu Aubespine).*
Graf! Ich beklage diese edeln Herrn,
Die ihr galanter Eifer über Meer
Hieher geführt, dass sie die Herrlichkeit
Des Hofs von Saint Germain bei mir vermissen. →
Ich kann so prächt'ge Götterfeste nicht
Erfinden als die königliche Mutter
Von Frankreich – Ein gesittet fröhlich Volk,
Das sich, sooft ich öffentlich mich zeige,
Mit Segnungen um meine Sänfte drängt,
Dies ist das Schauspiel, das ich fremden Augen
Mit ein'gem Stolze zeigen kann. Der Glanz
Der Edelfräulein, die im Schönheitsgarten
Der Katharina blühn, verbärge nur
Mich selber und mein schimmerlos Verdienst.
AUBESPINE. Nur eine Dame zeigt Westminsterhof
Dem überraschten Fremden – aber alles,
Was an dem reizenden Geschlecht entzückt,
Stellt sich versammelt dar in dieser einen.
BELLIEVRE. Erhabne Majestät von Engelland,
Vergönne, dass wir unsern Urlaub nehmen,
Und Monsieur, unsern königlichen Herrn,
Mit der ersehnten Freudenpost beglücken.
Ihn hat des Herzens heiße Ungeduld
Nicht in Paris gelassen, er erwartet
Zu Amiens die Boten seines Glücks,
Und bis nach Calais reichen seine Posten,

Westminsterhof Elisabeths Residenz in London

Das Jawort, das dein königlicher Mund
Aussprechen wird, mit Flügelschnelligkeit
Zu seinem trunknen Ohre hinzutragen.
ELISABETH. Graf Bellievre, dringt nicht weiter in mich.
Nicht Zeit ist's jetzt, ich wiederhol es Euch,
Die freud'ge Hochzeitsfackel anzuzünden.
Schwarz hängt der Himmel über diesem Land,
Und besser ziemte mir der Trauerflor
Als das Gepränge bräutlicher Gewänder.
Denn nahe droht ein jammervoller Schlag
Mein Herz zu treffen und mein eignes Haus.
BELLIEVRE. Nur dein Versprechen gib uns, Königin,
In frohern Tagen folge die Erfüllung.
ELISABETH. Die Könige sind nur Sklaven ihres Standes,
Dem eignen Herzen dürfen sie nicht folgen.
Mein Wunsch war's immer, unvermählt zu sterben,
Und meinen Ruhm hätt ich darein gesetzt,
Dass man dereinst auf meinem Grabstein läse:
„Hier ruht die jungfräuliche Königin."
Doch meine Untertanen wollen's nicht.
Sie denken jetzt schon fleißig an die Zeit,
Wo ich dahin sein werde – Nicht genug,
Dass j e t z t der Segen dieses Land beglückt,
Auch ihrem künft'gen Wohl soll ich mich opfern,
Auch meine jungfräuliche Freiheit soll ich,
Mein höchstes Gut, hingeben für mein Volk,
Und der Gebieter wird mir aufgedrungen.
Er zeigt mir dadurch an, dass ich ihm nur
Ein Weib bin, und ich meinte doch, regiert
Zu haben wie ein Mann und wie ein König.
Wohl weiß ich, dass man Gott nicht dient, wenn man
Die Ordnung der Natur verlässt, und Lob
Verdienen sie, die vor mir hier gewaltet,
← Dass sie die Klöster aufgetan, und tausend
Schlachtopfer einer falsch verstandnen Andacht
Den Pflichten der Natur zurückgegeben.
Doch eine Königin, die ihre Tage
Nicht ungenützt in müßiger Beschauung
Verbringt, die unverdrossen, unermüdet,
Die schwerste aller Pflichten übt, d i e sollte
Von dem Naturzweck ausgenommen sein,
Der e i n e Hälfte des Geschlechts der Menschen
Der andern unterwürfig macht –

AUBESPINE. Jedwede Tugend, Königin, hast du
Auf deinem Thron verherrlicht, nichts ist übrig,
Als dem Geschlechte, dessen Ruhm du bist,
Auch noch in seinen eigensten Verdiensten
Als Muster vorzuleuchten. Freilich lebt
Kein Mann auf Erden, der es würdig ist,
Dass du die Freiheit ihm zum Opfer brächtest.
Doch wenn Geburt, wenn Hoheit, Heldentugend
Und Männerschönheit einen Sterblichen
Der Ehre würdig machen, so –
ELISABETH. Kein Zweifel,
Herr Abgesandter, dass ein Ehebündnis
Mit einem königlichen Sohne Frankreichs
Mich ehrt! Ja, ich gesteh es unverhohlen,
Wenn es sein muss – wenn ich's nicht ändern kann,
Dem Dringen meines Volkes nachzugeben –
Und es wird stärker sein als ich, befürcht ich –
So kenn ich in Europa keinen Fürsten,
Dem ich mein höchstes Kleinod, meine Freiheit,
Mit minderm Widerwillen opfern würde.
Lasst dies Geständnis Euch Genüge tun.
BELLIEVRE. Es ist die schönste Hoffnung, doch es ist
Nur eine Hoffnung, und mein Herr wünscht mehr –
ELISABETH. Was wünscht er? *(Sie zieht einen Ring vom Finger und betrachtet ihn nachdenkend)*
Hat die Königin doch nichts
Voraus vor dem gemeinen Bürgerweibe!
Das gleiche Zeichen weist auf gleiche Pflicht,
Auf gleiche Dienstbarkeit – Der Ring macht Ehen,
Und Ringe sind's, die eine Kette machen.
– Bringt Seiner Hoheit dies Geschenk. Es ist
Noch keine Kette, bindet mich noch nicht,
Doch kann ein Reif draus werden, der mich bindet.
BELLIEVRE *(kniet nieder, den Ring empfangend).*
In seinem Namen, große Königin,
Empfang ich kniend dies Geschenk und drücke
Den Kuss der Huldigung auf meiner Fürstin Hand!
ELISABETH *(zum Grafen Leicester, den sie während der letzten Rede unverwandt betrachtet hat).*
Erlaubt, Mylord! *(Sie nimmt ihm das blaue Band ab und hängt es dem Bellievre um)*
Bekleidet seine Hoheit
Mit diesem Schmuck, wie ich Euch hier damit

← Bekleide und in meines Ordens Pflichten nehme.
Honny soit qui mal y pense! – Es schwinde
Der Argwohn zwischen beiden Nationen,
Und ein vertraulich Band umschlinge fortan
Die Kronen Frankreich und Britannien!
AUBESPINE. Erhabne Königin, dies ist ein Tag
Der Freude! Möcht er's allen sein und möchte
Kein Leidender auf dieser Insel trauern!
Die Gnade glänzt auf deinem Angesicht,
Oh! dass ein Schimmer ihres heitern Lichts
Auf eine unglücksvolle Fürstin fiele,
Die Frankreich und Britannien gleich nahe
Angeht –
ELISABETH. Nicht weiter, Graf! Vermengen wir
Nicht zwei ganz unvereinbare Geschäfte.
Wenn Frankreich ernstlich meinen Bund verlangt,
Muss es auch meine Sorgen mit mir teilen
Und meiner Feinde Freund nicht sein –
AUBESPINE. Unwürdig
In deinen eignen Augen würd es handeln,
Wenn es die Unglückselige, die Glaubens-
Verwandte und die Witwe seines Königs
In diesem Bund vergäße – Schon die Ehre,
Die Menschlichkeit verlangt –
ELISABETH. In diesem Sinne
Weiß ich sein Fürwort nach Gebühr zu schätzen.
Frankreich erfüllt die Freundespflicht, mir wird
Verstattet sein, als Königin zu handeln.
(Sie neigt sich gegen die französischen Herren,
welche sich mit den übrigen Lords ehrfurchtsvoll entfernen)

DRITTER AUFTRITT

Elisabeth. Leicester. Burleigh. Talbot.
(Die Königin setzt sich)

BURLEIGH. Ruhmvolle Königin! Du krönest heut
Die heißen Wünsche deines Volks. Nun erst
Erfreun wir uns der segenvollen Tage,
Die du uns schenkst, da wir nicht zitternd mehr
In eine stürmevolle Zukunft schauen.
Nur eine Sorge kümmert noch dies Land,

Ein Opfer ist's, das alle Stimmen fodern.
Gewähr auch dieses, und der heut'ge Tag
Hat Englands Wohl auf immerdar gegründet.
ELISABETH.
Was wünscht mein Volk noch? Sprecht, Mylord.
BURLEIGH. Es fodert
Das Haupt der Stuart – Wenn du deinem Volk
Der Freiheit köstliches Geschenk, das teuer
Erworbne Licht der Wahrheit willst versichern,
So muss sie nicht mehr sein – Wenn wir nicht ewig
Für dein kostbares Leben zittern sollen,
So muss die Feindin untergehn! – Du weißt es,
Nicht alle deine Briten denken gleich,
Noch viele heimliche Verehrer zählt
Der röm'sche Götzendienst auf dieser Insel.
Die alle nähren feindliche Gedanken,
Nach dieser Stuart steht ihr Herz, sie sind
Im Bunde mit den lothringischen Brüdern,
Den unversöhnten Feinden deines Namens.
Dir ist von dieser wütenden Partei
Der grimmige Vertilgungskrieg geschworen,
Den man mit falschen Höllenwaffen führt.
Zu Reims, dem Bischofssitz des Kardinals,
Dort ist das Rüsthaus, wo sie Blitze schmieden,
Dort wird der Königsmord gelehrt – Von dort
Geschäftig senden sie nach deiner Insel
Die Missionen aus, entschlossne Schwärmer,
In allerlei Gewand vermummt – Von dort
Ist schon der dritte Mörder ausgegangen,
Und unerschöpflich, ewig neu erzeugen
Verborgne Feinde sich aus diesem Schlunde.
– Und in dem Schloss zu Fotheringhay sitzt
Die Ate dieses ew'gen Kriegs, die mit
Der Liebesfackel dieses Reich entzündet.
Für sie, die schmeichelnd jedem Hoffnung gibt,
Weiht sich die Jugend dem gewissen Tod –
Sie zu befreien, ist die Losung, sie
Auf deinen Thron zu setzen, ist der Zweck.
Denn dies Geschlecht der Lothringer erkennt
Dein heilig Recht nicht an, du heißest ihnen
Nur eine Räuberin des Throns, gekrönt
Vom Glück! Sie waren's, die die Törichte
Verführt, sich Englands Königin zu schreiben.

Der röm'sche Götzendienst der Katholizismus

→

Ate griechische, blind waltende, Unheil stiftende Göttin

Kein Friede ist mit ihr und ihrem Stamm!
Du musst den Streich erleiden oder führen.
Ihr Leben ist dein Tod! Ihr Tod dein Leben!
ELISABETH. Mylord! Ein traurig Amt verwaltet Ihr.
Ich kenne Eures Eifers reinen Trieb,
Weiß, dass gediegne Weisheit aus Euch redet,
Doch diese Weisheit, welche Blut befiehlt,
Ich hasse sie in meiner tiefsten Seele.
Sinnt einen mildern Rat aus – Edler Lord
Von Shrewsbury! Sagt *Ihr* uns Eure Meinung.
TALBOT. Du gabst dem Eifer ein gebührend
Lob, Der Burleighs treue Brust beseelt – Auch mir,
Strömt es mir gleich nicht so beredt vom Munde,
Schlägt in der Brust kein minder treues Herz.
Mögst du noch lange leben, Königin,
Die Freude deines Volks zu sein, das Glück
Des Friedens diesem Reiche zu verlängern.
So schöne Tage hat dies Eiland nie
Gesehn, seit eigne Fürsten es regieren.
Mög es sein Glück mit seinem Ruhme nicht
Erkaufen! Möge Talbots Auge wenigstens
Geschlossen sein, wenn dies geschieht!
ELISABETH. Verhüte Gott, dass wir den Ruhm befleckten!
TALBOT. Nun dann, so wirst du auf ein ander Mittel sinnen,
Dies Reich zu retten – denn die Hinrichtung
Der Stuart ist ein ungerechtes Mittel.
Du kannst das Urteil über *die* nicht sprechen,
Die dir nicht untertänig ist.
ELISABETH. So irrt
Mein Staatsrat und mein Parlament, im Irrtum
Sind alle Richterhöfe dieses Landes,
Die mir dies Recht einstimmig zuerkannt –
TALBOT. Nicht Stimmenmehrheit ist des Rechtes Probe,
England ist nicht die Welt, dein Parlament
Nicht der Verein der menschlichen Geschlechter.
Dies heut'ge England ist das künft'ge nicht,
Wie's das vergangne nicht mehr ist – Wie sich
Die Neigung anders wendet, also steigt
Und fällt des *Urteils* wandelbare Woge.
Sag nicht, du müssest der Notwendigkeit
Gehorchen und dem Dringen deines Volks.
Sobald du willst, in jedem Augenblick
Kannst du erproben, dass dein Wille frei ist.

Versuch's! Erkläre, dass du Blut verabscheust,
Der Schwester Leben willst gerettet sehn,
Zeig denen, die dir anders raten wollen,
Die Wahrheit deines königlichen Zorns,
Schnell wirst du die Notwendigkeit verschwinden
Und Recht in Unrecht sich verwandeln sehn.
Du selbst musst richten, du allein. Du kannst dich
Auf dieses unstet schwanke Rohr nicht lehnen.
Der eignen Milde folge du getrost.
Nicht Strenge legte Gott ins weiche Herz
Des Weibes – Und die Stifter dieses Reichs,
Die auch dem Weib die Herrscherzügel gaben, →
Sie zeigten an, dass Strenge nicht die Tugend
Der Könige soll sein in diesem Lande.
ELISABETH. Ein warmer Anwalt ist Graf Shrewsbury
Für meine Feindin und des Reichs. Ich ziehe
Die Räte vor, die meine Wohlfahrt lieben.
TALBOT. Man gönnt ihr keinen Anwalt, niemand wagt's,
Zu ihrem Vorteil sprechend, deinem Zorn
Sich bloßzustellen – So vergönne mir,
Dem alten Manne, den am Grabesrand
Kein irdisch Hoffen mehr verführen kann,
Dass ich die Aufgegebene beschütze.
Man soll nicht sagen, dass in deinem Staatsrat
Die Leidenschaft, die Selbstsucht eine Stimme
Gehabt, nur die Barmherzigkeit geschwiegen.
Verbündet hat sich alles wider sie,
Du selber hast ihr Antlitz nie gesehn,
Nichts spricht in deinem Herzen für die Fremde.
– Nicht ihrer Schuld red ich das Wort. Man sagt,
Sie habe den Gemahl ermorden lassen,
Wahr ist's, dass sie den Mörder ehlichte.
Ein schwer Verbrechen! – Aber es geschah
In einer finster unglücksvollen Zeit,
Im Angstgedränge bürgerlichen Kriegs,
Wo sie, die Schwache, sich umrungen sah
Von heftig dringenden Vasallen, sich
Dem Mutvollstärksten in die Arme warf –
Wer weiß, durch welcher Künste Macht besiegt?
Denn ein gebrechlich Wesen ist das Weib.
ELISABETH. Das Weib ist nicht schwach. Es gibt starke Seelen
In dem Geschlecht – Ich will in meinem Beisein
Nichts von der Schwäche des Geschlechtes hören.

Vasall
Lehnsmann

TALBOT. Dir war das Unglück eine strenge Schule.
Nicht seine Freudenseite kehrte dir
Das Leben zu. Du sahest keinen Thron
Von ferne, nur das Grab zu deinen Füßen.
← Zu Woodstock war's und in des Towers Nacht,
Wo dich der gnäd'ge Vater dieses Landes
Zur ersten Pflicht durch Trübsal auferzog.
Dort suchte dich der Schmeichler nicht. Früh lernte,
Vom eiteln Weltgeräusche nicht zerstreut,
Dein Geist sich sammeln, denkend in sich gehn
Und dieses Lebens wahre Güter schätzen.
– Die Arme rettete kein Gott. Ein zartes Kind
Ward sie verpflanzt nach Frankreich, an den Hof
Des Leichtsinns, der gedankenlosen Freude.
Dort in der Feste ew'ger Trunkenheit
Vernahm sie nie der Wahrheit ernste Stimme.
Geblendet ward sie von der Laster Glanz
Und fortgeführt vom Strome des Verderbens.
Ihr ward der Schönheit eitles Gut zuteil,
Sie überstrahlte blühend alle Weiber,
Und durch Gestalt nicht minder als Geburt – –
ELISABETH. Kommt zu Euch selbst, Mylord von Shrewsbury!
Denkt, dass wir hier im ernsten Rate sitzen.
Das müssen Reize sondergleichen sein,
Die einen Greis in solches Feuer setzen.
– Mylord von Leicester! Ihr allein schweigt still?
Was ihn beredt macht, bindet's Euch die Zunge?
LEICESTER. Ich schweige für Erstaunen, Königin,
Dass man dein Ohr mit Schrecknissen erfüllt,
Dass diese Märchen, die in Londons Gassen
Den gläub'gen Pöbel ängsten, bis herauf
In deines Staatsrats heitre Mitte steigen,
Und weise Männer ernst beschäftigen.
Verwunderung ergreift mich, ich gesteh's,
Dass diese länderlose Königin
Von Schottland, die den eignen kleinen Thron
Nicht zu behaupten wusste, ihrer eignen
Vasallen Spott, der Auswurf ihres Landes,
Dein Schrecken wird auf einmal im Gefängnis!
– Was, beim Allmächt'gen! machte sie dir furchtbar?
Dass sie dies Reich in Anspruch nimmt, dass dich
Die Guisen nicht als Königin erkennen?
Kann dieser Guisen Widerspruch das Recht

für Erstaunen vor Erstaunen

Entkräften, das Geburt dir gab, der Schluss
Der Parlamente dir bestätigte?
Ist sie durch Heinrichs letzten Willen nicht
Stillschweigend abgewiesen, und wird England,
So glücklich im Genuss des neuen Lichts,
Sich der Papistin in die Arme werfen?
Von dir, der angebeteten Monarchin,
Zu Darnleys Mörderin hinüberlaufen?
Was wollen diese ungestümen Menschen,
Die dich noch lebend mit der Erbin quälen,
Dich nicht geschwind genug vermählen können,
Um Staat und Kirche von Gefahr zu retten?
Stehst du nicht blühend da in Jugendkraft,
Welkt jene nicht mit jedem Tag zum Grabe?
Bei Gott! Du wirst, ich hoff's, noch viele Jahre
Auf ihrem Grabe wandeln, ohne dass
Du selber sie hinabzustürzen brauchtest –
BURLEIGH. Lord Leicester hat nicht immer so geurteilt.
LEICESTER. Wahr ist's, ich habe selber meine Stimme
Zu ihrem Tod gegeben im Gericht.
– Im Staatsrat sprech ich anders. Hier ist nicht
Die Rede von dem Recht, nur von dem Vorteil.
Ist's jetzt die Zeit, von ihr Gefahr zu fürchten,
Da Frankreich sie verlässt, ihr einz'ger Schutz,
Da du den Königssohn mit deiner Hand
Beglücken willst, die Hoffnung eines neuen
Regentenstammes diesem Lande blüht?
Wozu sie also töten? Sie ist tot!
Verachtung ist der wahre Tod. Verhüte,
Dass nicht das Mitleid sie ins Leben rufe!
Drum ist mein Rat: Man lasse die Sentenz,
Die ihr das Haupt abspricht, in voller Kraft
Bestehn! Sie lebe – aber unterm Beile
Des Henkers lebe sie, und schnell, wie sich
Ein Arm für sie bewaffnet, fall es nieder.
ELISABETH *(steht auf)*.
Mylords, ich hab nun eure Meinungen
Gehört und sag euch Dank für euren Eifer.
Mit Gottes Beistand, der die Könige
Erleuchtet, will ich eure Gründe prüfen
Und wählen, was das Bessere mir dünkt.

Sentenz *(lateinisch)* Urteilsspruch

VIERTER AUFTRITT

Die Vorigen. Ritter Paulet mit Mortimern.

ELISABETH. Da kommt Amias Paulet. Edler Sir,
Was bringt Ihr uns?
PAULET. Glorwürd'ge Majestät!
Mein Neffe, der ohnlängst von weiten Reisen
Zurückgekehrt, wirft sich zu deinen Füßen
Und leistet dir sein jugendlich Gelübde.
Empfange du es gnadenvoll und lass
Ihn wachsen in der Sonne deiner Gunst.
MORTIMER *(lässt sich auf ein Knie nieder).*
Lang lebe meine königliche Frau,
Und Glück und Ruhm bekröne ihre Stirne!
ELISABETH. Steht auf. Seid mir willkommen, Sir, in England.
← Ihr habt den großen Weg gemacht, habt Frankreich
Bereist und Rom und Euch zu Reims verweilt.
Sagt mir denn an, was spinnen unsre Feinde?
MORTIMER. Ein Gott verwirre sie und wende rückwärts
Auf ihrer eignen Schützen Brust die Pfeile,
Die gegen meine Königin gesandt sind.
ELISABETH. Saht Ihr den Morgan und den ränkespinnenden
Bischof von Roße?
MORTIMER. Alle schottische
Verbannte lernt' ich kennen, die zu Reims
Anschläge schmieden gegen diese Insel.
In ihr Vertrauen stahl ich mich, ob ich
Etwa von ihren Ränken was entdeckte.
PAULET. Geheime Briefe hat man ihm vertraut,
In Ziffern, für die Königin von Schottland,
Die er mit treuer Hand uns überliefert.
ELISABETH. Sagt, was sind ihre neuesten Entwürfe?
MORTIMER. Es traf sie alle wie ein Donnerstreich,
Dass Frankreich sie verlässt, den besten Bund
Mit England schließt, jetzt richten sie die Hoffnung
Auf Spanien.
← ELISABETH. So schreibt mir Walsingham.
← MORTIMER. Auch eine Bulle, die Papst Sixtus jüngst
Vom Vatikane gegen dich geschleudert,
Kam eben an zu Reims, als ich's verließ.
Das nächste Schiff bringt sie nach dieser Insel.
LEICESTER. Vor solchen Waffen zittert England nicht mehr.

Morgan und der Bischof von Roße vgl. Anm. zu V. 496

BURLEIGH. Sie werden furchtbar in des Schwärmers Hand.
ELISABETH *(Mortimern forschend ansehend).*
Man gab Euch Schuld, dass Ihr zu Reims die Schulen
Besucht und Euren Glauben abgeschworen?
MORTIMER. Die Miene gab ich mir, ich leugn' es nicht,
So weit ging die Begierde, dir zu dienen!
ELISABETH *(zu Paulet, der ihr Papiere überreicht).*
Was zieht Ihr da hervor?
PAULET. Es ist ein Schreiben,
Das dir die Königin von Schottland sendet.
BURLEIGH *(hastig darnach greifend).*
Gebt mir den Brief.
PAULET *(gibt das Papier der Königin).*
Verzeiht, Lord Großschatzmeister!
In meiner Königin selbsteigne Hand,
Befahl sie mir, den Brief zu übergeben.
Sie sagt mir stets, ich sei ihr Feind. Ich bin
Nur ihrer Laster Feind, was sich verträgt
Mit meiner Pflicht, mag ich ihr gern erweisen. *(Die Königin hat den Brief genommen. Während sie ihn liest, sprechen Mortimer und Leicester einige Worte heimlich miteinander)*
BURLEIGH *(zu Paulet).*
Was kann der Brief enthalten? Eitle Klagen,
Mit denen man das mitleidsvolle Herz
Der Königin verschonen soll.
PAULET. Was er
Enthält, hat sie mir nicht verhehlt. Sie bittet
Um die Vergünstigung, das Angesicht
Der Königin zu sehen.
BURLEIGH *(schnell).* Nimmermehr!
TALBOT. Warum nicht? Sie erfleht nichts Ungerechtes.
BURLEIGH. Die Gunst des königlichen Angesichts
Hat sie verwirkt, die Mordanstifterin,
Die nach dem Blut der Königin gedürstet.
Wer's treu mit seiner Fürstin meint, der kann
Den falsch verräterischen Rat nicht geben.
TALBOT. Wenn die Monarchin sie beglücken will,
Wollt Ihr der Gnade sanfte Regung hindern?
BURLEIGH. Sie ist verurteilt! Unterm Beile liegt
Ihr Haupt. Unwürdig ist's der Majestät,
Das Haupt zu sehen, das dem Tod geweiht ist.
Das Urteil kann nicht mehr vollzogen werden,
Wenn sich die Königin ihr genahet hat,

Denn Gnade bringt die königliche Nähe –
ELISABETH
(nachdem sie den Brief gelesen, ihre Tränen trocknend).
Was ist der Mensch! Was ist das Glück der Erde!
Wie weit ist diese Königin gebracht,
Die mit so stolzen Hoffnungen begann,
Die auf den ältsten Thron der Christenheit
Berufen worden, die in ihrem Sinn
Drei Kronen schon aufs Haupt zu setzen meinte!
Welch andre Sprache führt sie jetzt als damals,
Da sie das Wappen Englands angenommen
Und von den Schmeichlern ihres Hofs sich Königin
Der zwei britann'schen Inseln nennen ließ!
– Verzeiht, Mylords, es schneidet mir ins Herz,
Wehmut ergreift mich und die Seele blutet,
Dass Irdisches nicht fester steht, das Schicksal
Der Menschheit, das entsetzliche, so nahe
An meinem eignen Haupt vorüberzieht.
TALBOT. O Königin! Dein Herz hat Gott gerührt,
Gehorche dieser himmlischen Bewegung!
Schwer büßte sie fürwahr die schwere Schuld,
Und Zeit ist's, dass die harte Prüfung ende!
Reich ihr die Hand, der tief Gefallenen,
Wie eines Engels Lichterscheinung steige
In ihres Kerkers Gräbernacht hinab –
BURLEIGH. Sei standhaft, große Königin. Lass nicht
Ein lobenswürdig menschliches Gefühl
Dich irreführen. Raube dir nicht selbst
Die Freiheit, das Notwendige zu tun.
Du kannst sie nicht begnadigen, nicht retten,
So lade nicht auf dich verhassten Tadel,
Dass du mit grausam höhnendem Triumph
Am Anblick deines Opfers dich geweidet.
LEICESTER. Lasst uns in unsern Schranken bleiben, Lords.
Die Königin ist weise, sie bedarf
Nicht unsers Rats, das Würdigste zu wählen.
Die Unterredung beider Königinnen
Hat nichts gemein mit des Gerichtes Gang.
Englands Gesetz, nicht der Monarchin Wille,
Verurteilt die Maria. Würdig ist's
Der großen Seele der Elisabeth,
Dass sie des Herzens schönem Triebe folge,
Wenn das Gesetz den strengen Lauf behält.

> **ältster Thron der Christenheit** gemeint ist hier der französische

ELISABETH. Geht, meine Lords. Wir werden Mittel finden,
Was Gnade fodert, was Notwendigkeit
Uns auferlegt, geziemend zu vereinen.
Jetzt – tretet ab! *(Die Lords gehen. An der Türe ruft sie den Mortimer zurück)*
Sir Mortimer! Ein Wort!

FÜNFTER AUFTRITT

Elisabeth. Mortimer.

ELISABETH *(nachdem sie ihn einige Augenblicke forschend mit den Augen gemessen).*
Ihr zeigtet einen kecken Mut und seltne
Beherrschung Eurer selbst für Eure Jahre.
Wer schon so früh der Täuschung schwere Kunst
Ausübte, der ist mündig vor der Zeit,
Und er verkürzt sich seine Prüfungsjahre.
– Auf eine große Bahn ruft Euch das Schicksal,
Ich prophezei es Euch, und mein Orakel
Kann ich, zu Eurem Glücke! selbst vollziehn.
MORTIMER. Erhabene Gebieterin, was ich
Vermag und bin, ist deinem Dienst gewidmet.
ELISABETH. Ihr habt die Feinde Englands kennen lernen.
Ihr Hass ist unversöhnlich gegen mich,
Und unerschöpflich ihre Blutentwürfe.
Bis diesen Tag zwar schützte mich die Allmacht,
Doch ewig wankt die Kron auf meinem Haupt,
Solang sie lebt, die ihrem Schwärmereifer
Den Vorwand leiht und ihre Hoffnung nährt.
MORTIMER. Sie lebt nicht mehr, sobald du es gebietest.
ELISABETH. Ach, Sir! Ich glaubte mich am Ziele schon
Zu sehn und bin nicht weiter als am Anfang.
Ich wollte die Gesetze handeln lassen,
Die eigne Hand vom Blute rein behalten.
Das Urteil ist gesprochen. Was gewinn ich?
Es muss vollzogen werden, Mortimer!
Und ich muss die Vollziehung anbefehlen.
Mich immer trifft der Hass der Tat. Ich muss
Sie eingestehn und kann den Schein nicht retten.
Das ist das Schlimmste!
MORTIMER. Was bekümmert dich

Orakel
(lateinisch)
Weissagung

Der böse Schein, bei der gerechten Sache?
ELISABETH.
Ihr kennt die Welt nicht, Ritter. Was man scheint,
Hat jedermann zum Richter, was man ist, hat keinen.
Von meinem Rechte überzeug ich niemand,
So muss ich Sorge tragen, dass mein Anteil
An ihrem Tod in ew'gem Zweifel bleibe.
Bei solchen Taten doppelter Gestalt
Gibt's keinen Schutz als in der Dunkelheit.
Der schlimmste Schritt ist, den man eingesteht,
Was man nicht aufgibt, hat man nie verloren.
MORTIMER *(ausforschend).*
Dann wäre wohl das Beste –
ELISABETH *(schnell).* Freilich wär's
Das Beste – O mein guter Engel spricht
Aus Euch. Fahrt fort, vollendet, werter Sir!
Euch ist es Ernst, Ihr dringet auf den Grund,
Seid ein ganz andrer Mann als Euer Oheim –
MORTIMER *(betroffen).*
Entdecktest du dem Ritter deinen Wunsch?
ELISABETH. Mich reuet, dass ich's tat.
MORTIMER. Entschuldige
Den alten Mann. Die Jahre machen ihn
Bedenklich. Solche Wagestücke fodern
Den kecken Mut der Jugend –
ELISABETH *(schnell).* Darf ich Euch –
MORTIMER. Die Hand will ich dir leihen, rette du
Den Namen, wie du kannst –
ELISABETH. Ja, Sir! Wenn Ihr
Mich eines Morgens mit der Botschaft wecktet:
Maria Stuart, deine blut'ge Feindin,
Ist heute Nacht verschieden!
MORTIMER. Zählt auf mich.
ELISABETH.
Wann wird mein Haupt sich ruhig schlafen legen?
MORTIMER. Der nächste Neumond ende deine Furcht.
ELISABETH.
– Gehabt Euch wohl, Sir! Lasst es Euch nicht Leid tun,
Dass meine Dankbarkeit den Flor der Nacht
Entlehnen muss – Das Schweigen ist der Gott
Der Glücklichen – die engsten Bande sind's,
Die zärtesten, die das Geheimnis stiftet! *(Sie geht ab)*

SECHSTER AUFTRITT

MORTIMER *(allein).*
Geh, falsche, gleisnerische Königin!
Wie du die Welt, so täusch ich dich. Recht ist's,
Dich zu verraten, eine gute Tat!
Seh ich aus wie ein Mörder? Lasest du
Ruchlose Fertigkeit auf meiner Stirn?
Trau nur auf meinen Arm und halte deinen
Zurück, gib dir den frommen Heuchelschein
Der Gnade vor der Welt, indessen du
Geheim auf meine Mörderhilfe hoffst,
So werden wir zur Rettung Frist gewinnen!
Erhöhen willst du mich – zeigst mir von ferne
Bedeutend einen kostbarn Preis – Und wärst
Du selbst der Preis und deine Frauengunst!
Wer bist du, Ärmste, und was kannst du geben?
Mich locket nicht des eiteln Ruhmes Geiz!
Bei ihr nur in des Lebens Reiz –
Um sie, in ew'gem Freudenchore, schweben
Der Anmut Götter und der Jugendlust,
Das Glück der Himmel ist an ihrer Brust,
Du hast nur tote Güter zu vergeben!
Das eine Höchste, was das Leben schmückt,
Wenn sich ein Herz, entzückend und entzückt,
Dem Herzen schenkt in süßem Selbstvergessen,
Die Frauenkrone hast du nie besessen,
Nie hast du liebend einen Mann beglückt!
– Ich muss den Lord erwarten, ihren Brief
Ihm übergeben. Ein verhasster Auftrag!
Ich habe zu dem Höflinge kein Herz,
Ich selber kann sie retten, ich allein,
Gefahr und Ruhm und auch der Preis sei mein!
(Indem er gehen will, begegnet ihm Paulet)

SIEBENTER AUFTRITT

Mortimer. Paulet.

PAULET. Was sagte dir die Königin?
MORTIMER. Nichts, Sir.
Nichts – von Bedeutung.

PAULET *(fixiert ihn mit ernstem Blick).*
Höre, Mortimer!
Es ist ein schlüpfrig glatter Grund, auf den
Du dich begeben. Lockend ist die Gunst
Der Könige, nach Ehre geizt die Jugend.
– Lass dich den Ehrgeiz nicht verführen!
MORTIMER.
Wart Ihr's nicht selbst, der an den Hof mich brachte?
PAULET. Ich wünschte, dass ich's nicht getan. Am Hofe
Ward unsers Hauses Ehre nicht gesammelt.
Steh fest, mein Neffe. Kaufe nicht zu teuer!
Verletze dein Gewissen nicht!
MORTIMER. Was fällt Euch ein? Was für Besorgnisse!
PAULET. Wie groß dich auch die Königin zu machen
Verspricht – Trau ihrer Schmeichelrede nicht.
Verleugnen wird sie dich, wenn du gehorcht,
Um ihren eignen Namen reinzuwaschen,
Die Bluttat rächen, die sie selbst befahl.
MORTIMER. Die Bluttat sagt Ihr –
PAULET. Weg mit der Verstellung!
Ich weiß, was dir die Königin angesonnen,
Sie hofft, dass deine ruhmbegier'ge Jugend
Willfähr'ger sein wird als mein starres Alter.
Hast du ihr zugesagt? Hast du?
MORTIMER. Mein Oheim!
PAULET. Wenn du's getan hast, so verfluch ich dich,
Und dich verwerfe –
LEICESTER *(kommt).* Werter Sir, erlaubt
Ein Wort mit Eurem Neffen. Die Monarchin
Ist gnadenvoll gesinnt für ihn, sie will,
Dass man ihm die Person der Lady Stuart
Uneingeschränkt vertraue – Sie verlässt sich
Auf seine Redlichkeit –
PAULET. Verlässt sich – Gut!
LEICESTER. Was sagt Ihr, Sir?
PAULET. Die Königin verlässt sich
Auf ihn, und ich, Mylord, verlasse mich
Auf mich und meine beiden offnen Augen. *(Er geht ab)*

ACHTER AUFTRITT

Leicester. Mortimer.

LEICESTER *(verwundert)*. Was wandelte den Ritter an?
MORTIMER. Ich weiß es nicht – Das unerwartete
Vertrauen, das die Königin mir schenkt –
LEICESTER *(ihn forschend ansehend)*.
Verdient Ihr, Ritter, dass man Euch vertraut?
MORTIMER *(ebenso)*.
Die Frage tu ich Euch, Mylord von Leicester.
LEICESTER. Ihr hattet mir was in geheim zu sagen.
MORTIMER. Versichert mich erst, dass ich's wagen darf.
LEICESTER. Wer gibt mir die Versicherung für Euch?
– Lasst Euch mein Misstraun nicht beleidigen!
Ich seh Euch zweierlei Gesichter zeigen
An diesem Hofe – Eins darunter ist
Notwendig falsch, doch welches ist das wahre?
MORTIMER. Es geht mir ebenso mit Euch, Graf Leicester.
LEICESTER. Wer soll nun des Vertrauens Anfang machen?
MORTIMER. Wer das Geringere zu wagen hat.
LEICESTER. Nun! Der seid Ihr!
MORTIMER. Ihr seid es! E u e r Zeugnis,
Des vielbedeutenden, gewalt'gen Lords,
Kann mich zu Boden schlagen, meins vermag
Nichts gegen Euren Rang und Eure Gunst.
LEICESTER. Ihr irrt Euch, Sir. In allem andern bin ich
Hier mächtig, nur in diesem zarten Punkt,
Den ich jetzt Eurer Treu preisgeben soll,
Bin ich der schwächste Mann an diesem Hof,
Und ein verächtlich Zeugnis kann mich stürzen.
MORTIMER. Wenn sich der allvermögende Lord Leicester
So tief zu mir herunterlässt, ein solch
Bekenntnis mir zu tun, so darf ich wohl
Ein wenig höher denken von mir selbst
Und ihm in Großmut ein Exempel geben.

Exempel
(lateinisch) Beispiel

LEICESTER. Geht mir voran im Zutraun, ich will folgen.
MORTIMER *(den Brief schnell hervorziehend)*.
Dies sendet Euch die Königin von Schottland.
LEICESTER *(schrickt zusammen und greift hastig darnach)*.
Sprecht leise, Sir – Was seh ich! Ach! Es ist
Ihr Bild! *(Küsst es und betrachtet es mit stummem Entzücken)*

MORTIMER *(der ihn während des Lesens scharf beobachtet).*
Mylord, nun glaub ich Euch!
LEICESTER *(nachdem er den Brief schnell durchlaufen).*
Sir Mortimer! Ihr wisst des Briefes Inhalt?
MORTIMER. Nichts weiß ich.
LEICESTER. Nun, Sie hat Euch ohne Zweifel
Vertraut –
MORTIMER. Sie hat mir nichts vertraut. Ihr würdet
Dies Rätsel mir erklären, sagte sie.
Ein Rätsel ist es mir, dass Graf von Leicester,
Der Günstling der Elisabeth, Mariens
Erklärter Feind und ihrer Richter einer,
Der Mann sein soll, von dem die Königin
In ihrem Unglück Rettung hofft – Und dennoch
Muss dem so sein, denn Eure Augen sprechen
Zu deutlich aus, was Ihr für sie empfindet.
LEICESTER. Entdeckt mir selbst erst, wie es kommt, dass Ihr
Den feur'gen Anteil nehmt an ihrem Schicksal,
Und was Euch ihr Vertraun erwarb.
MORTIMER. Mylord,
Das kann ich Euch mit wenigem erklären.
Ich habe meinen Glauben abgeschworen
Zu Rom und steh im Bündnis mit den Guisen.
Ein Brief des Erzbischofs zu Reims hat mich
Beglaubigt bei der Königin von Schottland.
LEICESTER. Ich weiß von Eurer Glaubensänderung,
Sie ist's, die mein Vertrauen zu Euch weckte.
Gebt mir die Hand. Verzeiht mir meinen Zweifel.
Ich kann der Vorsicht nicht zu viel gebrauchen,
Denn Walsingham und Burleigh hassen mich,
Ich weiß, dass sie mir lauernd Netze stellen.
Ihr konntet ihr Geschöpf und Werkzeug sein,
Mich in das Garn zu ziehn –
MORTIMER. Wie kleine Schritte
Geht ein so großer Lord an diesem Hof!
Graf! ich beklag Euch!
LEICESTER. Freudig werf ich mich
An die vertraute Freundesbrust, wo ich
Des langen Zwangs mich endlich kann entladen.
Ihr seid verwundert, Sir, dass ich so schnell
Das Herz geändert gegen die Maria.
Zwar in der Tat hasst' ich sie nie – der Zwang
Der Zeiten machte mich zu ihrem Gegner.

Sie war mir zugedacht seit langen Jahren,
Ihr wisst's, eh sie die Hand dem Darnley gab,
Als noch der Glanz der Hoheit sie umlachte.
Kalt stieß ich damals dieses Glück von mir,
Jetzt im Gefängnis, an des Todes Pforten
Such ich sie auf, und mit Gefahr des Lebens.
MORTIMER. Das heißt großmütig handeln!
LEICESTER. – Die Gestalt
Der Dinge, Sir, hat sich indes verändert.
Mein Ehrgeiz war es, der mich gegen Jugend
Und Schönheit fühllos machte. Damals hielt ich
Mariens Hand für mich zu klein, ich hoffte
Auf den Besitz der Königin von England.
MORTIMER. Es ist bekannt, dass sie Euch allen Männern
Vorzog –
LEICESTER. So schien es, edler Sir – und nun, nach zehn
Verlornen Jahren unverdrossnen Werbens,
Verhassten Zwangs – O Sir, mein Herz geht auf!
Ich muss des langen Unmuts mich entladen –
Man preist mich glücklich – wüsste man, was es
Für Ketten sind, um die man mich beneidet –
Nachdem ich zehen bittre Jahre lang
Dem Götzen ihrer Eitelkeit geopfert,
Mich jedem Wechsel ihrer Sultanslaunen
Mit Sklavendemut unterwarf, das Spielzeug
Des kleinen grillenhaften Eigensinns,
Geliebkost jetzt von ihrer Zärtlichkeit
Und jetzt mit sprödem Stolz zurückgestoßen,
Von ihrer Gunst und Strenge gleich gepeinigt,
Wie ein Gefangener vom Argusblick →
Der Eifersucht gehütet, ins Verhör
Genommen wie ein Knabe, wie ein Diener
Gescholten – O die Sprache hat kein Wort
Für diese Hölle!
MORTIMER. Ich beklag Euch, Graf.
LEICESTER.
Täuscht mich am Ziel der Preis! Ein andrer kommt,
Die Frucht des teuren Werbens mir zu rauben.
An einen jungen blühenden Gemahl
Verlier ich meine lang besessnen Rechte,
Heruntersteigen soll ich von der Bühne,
Wo ich so lange als der Erste glänzte.
Nicht ihre Hand allein, auch ihre Gunst

Droht mir der neue Ankömmling zu rauben.
Sie ist ein Weib, und er ist liebenswert.
MORTIMER. Er ist Kathrinens Sohn. In guter Schule
Hat er des Schmeichelns Künste ausgelernt.
LEICESTER. So stürzen meine Hoffnungen – ich suche
In diesem Schiffbruch meines Glücks ein Brett
Zu fassen – und mein Auge wendet sich
Der ersten schönen Hoffnung wieder zu.
Mariens Bild, in ihrer Reize Glanz,
Stand neu vor mir, Schönheit und Jugend traten
In ihre vollen Rechte wieder ein,
Nicht kalter Ehrgeiz mehr – das Herz verglich,
Und ich empfand, welch Kleinod ich verloren.
Mit Schrecken seh ich sie in tiefes Elend
Herabgestürzt, gestürzt durch mein Verschulden.
Da wird in mir die Hoffnung wach, ob ich
Sie jetzt noch retten könnte und besitzen.
Durch eine treue Hand gelingt es mir,
Ihr mein verändert Herz zu offenbaren,
Und dieser Brief, den Ihr mir überbracht,
Versichert mir, dass sie verzeiht, sich mir
Zum Preise schenken will, wenn ich sie rette.
MORTIMER. Ihr tatet aber nichts zu ihrer Rettung!
Ihr ließt geschehn, dass sie verurteilt wurde,
Gabt Eure Stimme selbst zu ihrem Tod!
Ein Wunder muss geschehn – Der Wahrheit Licht
Muss mich, den Neffen ihres Hüters, rühren.
Im Vatikan zu Rom muss ihr der Himmel
Den unverhofften Retter zubereiten,
Sonst fand sie nicht einmal den Weg zu Euch!
LEICESTER. Ach, Sir, es hat mir Qualen g'nug gekostet!
Um selbe Zeit ward sie von Talbots Schloss
Nach Fotheringhay weggeführt, der strengen
Gewahrsam Eures Oheims anvertraut.
Gehemmt ward jeder Weg zu ihr, ich musste
Fortfahren vor der Welt, sie zu verfolgen.
Doch denket nicht, dass ich sie leidend hätte
Zum Tode gehen lassen! Nein, ich hoffte,
Und hoffe noch, das Äußerste zu hindern,
Bis sich ein Mittel zeigt, sie zu befrein.
MORTIMER. Das ist gefunden – Leicester, Euer edles
Vertraun verdient Erwiderung. Ich will sie
Befreien, darum bin ich hier, die Anstalt

Vatikan
Wohnsitz des Papstes in Rom

Ist schon getroffen, Euer mächt'ger Beistand
Versichert uns den glücklichen Erfolg.
LEICESTER.
Was sagt Ihr? Ihr erschreckt mich. Wie? Ihr wolltet –
MORTIMER. Gewaltsam auftun will ich ihren Kerker,
Ich hab Gefährten, alles ist bereit –
LEICESTER. Ihr habt Mitwisser und Vertraute! Weh mir!
In welches Wagnis reißt Ihr mich hinein!
Und diese wissen auch um mein Geheimnis?
MORTIMER.
Sorgt nicht. Der Plan ward ohne Euch entworfen,
Ohn Euch wär er vollstreckt, bestünde sie
Nicht drauf, Euch ihre Rettung zu verdanken.
LEICESTER.
So könnt Ihr mich für ganz gewiss versichern,
Dass in dem Bund mein Name nicht genannt ist?
MORTIMER.
Verlasst Euch drauf! Wie? So bedenklich, Graf,
Bei einer Botschaft, die Euch Hülfe bringt!
Ihr wollt die Stuart retten und besitzen,
Ihr findet Freunde, plötzlich, unerwartet,
Vom Himmel fallen Euch die nächsten Mittel –
Doch zeigt Ihr mehr Verlegenheit als Freude?
LEICESTER. Es ist nichts mit Gewalt. Das Wagestück
Ist zu gefährlich.
MORTIMER. Auch das Säumen ist's!
LEICESTER. Ich sag Euch, Ritter, es ist nicht zu wagen.
MORTIMER *(bitter)*.
Nein, nicht für Euch, der sie besitzen will!
Wir wollen sie bloß retten und sind nicht so
Bedenklich –
LEICESTER. Junger Mann, Ihr seid zu rasch
In so gefährlich dornenvoller Sache.
MORTIMER. Ihr – sehr bedacht in solchem Fall der Ehre.
LEICESTER. Ich seh die Netze, die uns rings umgeben.
MORTIMER. Ich fühle Mut, sie alle zu durchreißen.
LEICESTER. Tollkühnheit, Raserei ist dieser Mut.
MORTIMER. Nicht Tapferkeit ist diese Klugheit, Lord.
LEICESTER. Euch lüstet's wohl, wie Babington zu enden?
MORTIMER. Euch nicht, des Norfolks Großmut nachzuahmen.
LEICESTER. Norfolk hat seine Braut nicht heimgeführt.
MORTIMER. Er hat bewiesen, dass er's würdig war.
LEICESTER. Wenn wir verderben, reißen wir sie nach.

MORTIMER. Wenn wir uns schonen, wird sie nicht gerettet.
LEICESTER. Ihr überlegt nicht, hört nicht, werdet alles
Mit heftig blindem Ungestüm zerstören,
Was auf so guten Weg geleitet war.
MORTIMER. Wohl auf den guten Weg, den Ihr gebahnt?
Was habt Ihr denn getan, um sie zu retten?
– Und wie? Wenn ich nun Bube g'nug gewesen,
Sie zu ermorden, wie die Königin
Mir anbefahl, wie sie zu dieser Stunde
Von mir erwartet – Nennt mir doch die Anstalt,
Die Ihr gemacht, ihr Leben zu erhalten.
LEICESTER *(erstaunt)*.
Gab Euch die Königin diesen Blutbefehl?
MORTIMER. Sie irrte sich in mir, wie sich Maria
In Euch.
LEICESTER. Und Ihr habt zugesagt? Habt Ihr?
MORTIMER. Damit sie andre Hände nicht erkaufe,
Bot ich die meinen an.
LEICESTER. Ihr tatet wohl.
Dies kann uns Raum verschaffen. Sie verlässt sich
Auf Euren blut'gen Dienst, das Todesurteil
Bleibt unvollstreckt, und wir gewinnen Zeit –
MORTIMER *(ungeduldig)*. Nein, wir verlieren Zeit!
LEICESTER. Sie zählt auf Euch,
So minder wird sie Anstand nehmen, sich
Den Schein der Gnade vor der Welt zu geben.
Vielleicht, dass ich durch List sie überrede,
Das Angesicht der Gegnerin zu sehn,
Und dieser Schritt muss ihr die Hände binden.
Burleigh hat Recht. Das Urteil kann nicht mehr
Vollzogen werden, wenn sie sie gesehn.
– Ja, ich versuch es, alles biet ich auf –
MORTIMER.
Und was erreicht Ihr dadurch? Wenn sie sich
In mir getäuscht sieht, wenn Maria fortfährt
Zu leben – Ist nicht alles wie zuvor?
Frei wird sie niemals! Auch das Mildeste,
Was kommen kann, ist ewiges Gefängnis.
Mit einer kühnen Tat müsst Ihr doch enden,
Warum wollt Ihr nicht gleich damit beginnen?
In Euren Händen ist die Macht, Ihr bringt
Ein Heer zusammen, wenn Ihr nur den Adel
Auf Euren vielen Schlössern waffnen wollt!

Maria hat noch viel verborgne Freunde,
Der Howard und der Percy edle Häuser,
Ob ihre Häupter gleich gestürzt, sind noch
An Helden reich, sie harren nur darauf,
Dass ein gewalt'ger Lord das Beispiel gebe!
Weg mit Verstellung! Handelt öffentlich!
Verteidigt als ein Ritter die Geliebte,
Kämpft einen edeln Kampf um sie. Ihr seid
Herr der Person der Königin von England,
Sobald Ihr wollt. Lockt sie auf Eure Schlösser,
Sie ist Euch oft dahin gefolgt. Dort zeigt ihr
Den Mann! Sprecht als Gebieter! Haltet sie
Verwahrt, bis sie die Stuart freigegeben!
LEICESTER. Ich staune, ich entsetze mich – Wohin
Reißt Euch der Schwindel? – Kennt Ihr diesen Boden?
Wisst Ihr, wie's steht an diesem Hof, wie eng
Dies Frauenreich die Geister hat gebunden?
Sucht nach dem Heldengeist, der ehmals wohl
In diesem Land sich regte – Unterworfen
Ist alles, unterm Schlüssel eines Weibes,
Und jedes Mutes Federn abgespannt.
Folgt meiner Leitung. Wagt nichts unbedachtsam.
– Ich höre kommen, geht.
MORTIMER. Maria hofft!
Kehr ich mit leerem Trost zu ihr zurück?
LEICESTER. Bringt ihr die Schwüre meiner ew'gen Liebe!
MORTIMER.
Bringt ihr die selbst! Zum Werkzeug ihrer Rettung
Bot ich mich an, nicht Euch zum Liebesboten! *(Er geht ab)*

NEUNTER AUFTRITT

Elisabeth. Leicester.

ELISABETH.
Wer ging da von Euch weg? Ich hörte sprechen.
LEICESTER *(sich auf ihre Rede schnell und erschrocken umwendend).* Es war Sir Mortimer.
ELISABETH. Was ist Euch, Lord?
So ganz betreten?
LEICESTER *(fasst sich).* – Über deinen Anblick!
Ich habe dich so reizend nie gesehn,

Geblendet steh ich da vor deiner Schönheit.
– Ach!
ELISABETH. Warum seufzt Ihr?
LEICESTER. Hab ich keinen Grund
Zu seufzen? Da ich deinen Reiz betrachte,
Erneut sich mir der namenlose Schmerz
Des drohenden Verlustes.
ELISABETH. Was verliert Ihr?
LEICESTER. Dein Herz, dein liebenswürdig Selbst verlier ich.
Bald wirst du in den jugendlichen Armen
Des feurigen Gemahls dich glücklich fühlen,
Und ungeteilt wird er dein Herz besitzen.
Er ist von königlichem Blut, das bin
Ich nicht, doch Trotz sei aller Welt geboten,
Ob einer lebt auf diesem Erdenrund,
Der mehr Anbetung für dich fühlt als ich.
Der Duc von Anjou hat dich nie gesehn.
Nur deinen Ruhm und Schimmer kann er lieben.
Ich liebe dich. Wärst du die ärmste Hirtin,
Ich als der größte Fürst der Welt geboren,
Zu deinem Stand würd ich heruntersteigen,
← Mein Diadem zu deinen Füßen legen.
ELISABETH.
Beklag mich, Dudley, schilt mich nicht – Ich darf ja
Mein Herz nicht fragen. Ach! das hätte anders
Gewählt. Und wie beneid ich andre Weiber,
Die das erhöhen dürfen, was sie lieben.
So glücklich bin ich nicht, dass ich dem Manne,
Der mir vor allen teuer ist, die Krone
Aufsetzen kann! – Der Stuart ward's vergönnt,
Die Hand nach ihrer Neigung zu verschenken;
Die hat sich jegliches erlaubt, sie hat
Den vollen Kelch der Freuden ausgetrunken.
LEICESTER.
Jetzt trinkt sie auch den bittern Kelch des Leidens.
ELISABETH. Sie hat der Menschen Urteil nichts geachtet.
Leicht wurd' es ihr zu leben, nimmer lud sie
Das Joch auf sich, dem ich mich unterwarf.
Hätt ich doch auch Ansprüche machen können,
Des Lebens mich, der Erde Lust zu freun,
Doch zog ich strenge Königspflichten vor,
Und doch gewann sie aller Männer Gunst,
Weil sie sich nur befliss, ein Weib zu sein,

Und um sie buhlt die Jugend und das Alter.
So sind die Männer. Lüstlinge sind alle!
Dem Leichtsinn eilen sie, der Freude zu
Und schätzen nichts, was sie verehren müssen.
Verjüngte sich nicht dieser Talbot selbst,
Als er auf ihren Reiz zu reden kam!

LEICESTER. Vergib es ihm. Er war ihr Wächter einst,
Die List'ge hat mit Schmeicheln ihn betört.

ELISABETH.
Und ist's denn wirklich wahr, dass sie so schön ist?
So oft musst' ich die Larve rühmen hören,
Wohl möcht ich wissen, was zu glauben ist.
Gemälde schmeicheln, Schilderungen lügen,
Nur meinen eignen Augen würd ich traun.
– Was schaut Ihr mich so seltsam an?

LEICESTER. Ich stellte
Dich in Gedanken neben die Maria.
– Die Freude wünscht ich mir, ich berg es nicht,
Wenn es ganz in geheim geschehen könnte,
Der Stuart gegenüber dich zu sehn!
Dann solltest du erst deines ganzen Siegs
Genießen! Die Beschämung gönnt ich ihr,
Dass sie mit eignen Augen – denn der Neid
Hat scharfe Augen – überzeugt sich sähe,
Wie sehr sie auch an Adel der Gestalt
Von dir besiegt wird, der sie so unendlich
In jeder andern würd'gen Tugend weicht.

ELISABETH. Sie ist die Jüngere an Jahren.

LEICESTER. Jünger!
Man sieht's ihr nicht an. Freilich ihre Leiden!
Sie mag wohl vor der Zeit gealtert haben.
Ja, und was ihre Kränkung bittrer machte,
Das wäre, dich als Braut zu sehn! Sie hat
Des Lebens schöne Hoffnung hinter sich,
Dich sähe sie dem Glück entgegenschreiten!
Und als die Braut des Königssohns von Frankreich,
Da sie sich stets so viel gewusst, so stolz
Getan mit der französischen Vermählung,
Noch jetzt auf Frankreichs mächt'ge Hilfe pocht!

ELISABETH *(nachlässig hinwerfend).*
Man peinigt mich ja sie zu sehn.

LEICESTER *(lebhaft).* Sie fodert's
Als eine Gunst, gewähr es ihr als Strafe!

Du kannst sie auf das Blutgerüste führen,
Es wird sie minder peinigen, als sich
Von deinen Reizen ausgelöscht zu sehn.
Dadurch ermordest du sie, wie sie dich
Ermorden wollte – Wenn sie deine Schönheit
Erblickt, durch Ehrbarkeit bewacht, in Glorie
Gestellt durch einen unbefleckten Tugendruf,
Den s i e, leichtsinnig buhlend, von sich warf,
Erhoben durch der Krone Glanz, und jetzt
Durch zarte Bräutlichkeit geschmückt – dann hat
Die Stunde der Vernichtung ihr geschlagen.
Ja – wenn ich jetzt die Augen auf dich werfe –
Nie warst du, nie zu einem Sieg der Schönheit
Gerüsteter als eben jetzt – Mich selbst
Hast du umstrahlt wie eine Lichterscheinung,
Als du vorhin ins Zimmer tratest – Wie?
Wenn du gleich jetzt, jetzt wie du bist, hinträtest
Vor sie, du findest keine schönre Stunde –

ELISABETH.
Jetzt – Nein – Nein – Jetzt nicht, Leicester – Nein, das muss ich
Erst wohl bedenken – mich mit Burleigh –

LEICESTER *(lebhaft einfallend).* Burleigh!
Der denkt allein auf deinen Staatsvorteil,
Auch deine Weiblichkeit hat ihre Rechte,
Der zarte Punkt gehört vor dein Gericht,
Nicht vor des Staatsmanns – ja auch Staatskunst will es,
Dass du sie siehst, die öffentliche Meinung
Durch eine Tat der Großmut dir gewinnest!
Magst du nachher dich der verhassten Feindin,
Auf welche Weise dir's gefällt, entladen.

ELISABETH. Nicht wohlanständig wär mir's, die Verwandte
Im Mangel und in Schmach zu sehn. Man sagt,
Dass sie nicht königlich umgeben sei,
Vorwerfend wär mir ihres Mangels Anblick.

LEICESTER. Nicht ihrer Schwelle brauchst du dich zu nahn.
Hör meinen Rat. Der Zufall hat es eben
Nach Wunsch gefügt. Heut ist das große Jagen,
An Fotheringhay führt der Weg vorbei,
Dort kann die Stuart sich im Park ergehn,
Du kommst ganz wie von ohngefähr dahin,
Es darf nichts als vorherbedacht erscheinen,
Und wenn es dir zuwider, redest du
Sie gar nicht an –

ELISABETH. Begeh ich eine Torheit,
So ist es Eure, Leicester, nicht die meine.
Ich will Euch heute keinen Wunsch versagen,
Weil ich von meinen Untertanen allen
Euch heut am wehesten getan. *(Ihn zärtlich ansehend)*
Sei's eine Grille nur von Euch. Dadurch
Gibt Neigung sich ja kund, dass sie bewilligt
Aus freier Gunst, was sie auch nicht gebilligt.
(Leicester stürzt zu ihren Füßen, der Vorhang fällt)

DRITTER AUFZUG

Gegend in einem Park.
Vorn mit Bäumen besetzt, hinten eine weite Aussicht

ERSTER AUFTRITT

Maria tritt in schnellem Lauf hinter Bäumen hervor.
Hanna Kennedy folgt langsam.

KENNEDY. Ihr eilet ja, als wenn Ihr Flügel hättet,
So kann ich Euch nicht folgen, wartet doch!
MARIA. Lass mich der neuen Freiheit genießen,
Lass mich ein Kind sein, sei es mit!
Und auf dem grünen Teppich der Wiesen
Prüfen den leichten, geflügelten Schritt.
Bin ich dem finstern Gefängnis entstiegen,
Hält sie mich nicht mehr, die traurige Gruft?
Lass mich in vollen, in durstigen Zügen
Trinken die freie, die himmlische Luft.
KENNEDY. O meine teure Lady! Euer Kerker
Ist nur um ein klein weniges erweitert.
Ihr seht nur nicht die Mauer, die uns einschließt,
Weil sie der Bäume dicht Gesträuch versteckt.
MARIA. O Dank, Dank diesen freundlich grünen Bäumen,
Die meines Kerkers Mauern mir verstecken!
Ich will mich frei und glücklich träumen,
Warum aus meinem süßen Wahn mich wecken?
Umfängt mich nicht der weite Himmelsschoß?
Die Blicke, frei und fessellos,
Ergehen sich in ungemessnen Räumen.
Dort, wo die grauen Nebelberge ragen,
Fängt meines Reiches Grenze an,
Und diese Wolken, die nach Mittag jagen,
Sie suchen Frankreichs fernen Ozean.
Eilende Wolken! Segler der Lüfte!
Wer mit euch wanderte, mit euch schiffte!
Grüßet mir freundlich mein Jugendland!
Ich bin gefangen, ich bin in Banden,
Ach, ich hab keinen andern Gesandten!
Frei in Lüften ist eure Bahn,
Ihr seid nicht dieser Königin untertan.
KENNEDY. Ach, teure Lady! Ihr seid außer Euch,

Die lang entbehrte Freiheit macht Euch schwärmen.
MARIA. Dort legt ein Fischer den Nachen an!
Dieses elende Werkzeug könnte mich retten,
Brächte mich schnell zu befreundeten Städten.
Spärlich nährt es den dürftigen Mann.
Beladen wollt ich ihn reich mit Schätzen,
Einen Zug sollt er tun, wie er keinen getan,
Das Glück sollt er finden in seinen Netzen,
Nähm er mich ein in den rettenden Kahn.
KENNEDY. Verlorne Wünsche! Seht Ihr nicht, dass uns
Von ferne dort die Spähertritte folgen?
Ein finster grausames Verbot scheucht jedes
Mitleidige Geschöpf aus unserm Wege.
MARIA. Nein, gute Hanna. Glaub mir, nicht umsonst
Ist meines Kerkers Tor geöffnet worden.
Die kleine Gunst ist mir des größern Glücks
Verkünderin. Ich irre nicht. Es ist
Der Liebe tät'ge Hand, der ich sie danke.
Lord Leicesters mächt'gen Arm erkenn ich drin.
Allmählich will man mein Gefängnis weiten,
Durch Kleineres zum Größern mich gewöhnen,
Bis ich das Antlitz dessen endlich schaue,
Der mir die Bande löst auf immerdar.
KENNEDY. Ach, ich kann diesen Widerspruch nicht reimen!
Noch gestern kündigt man den Tod Euch an,
Und heute wird Euch plötzlich solche Freiheit.
Auch denen, hört' ich sagen, wird die Kette
Gelöst, auf die die ew'ge Freiheit wartet.
MARIA. Hörst du das Hifthorn? Hörst du's klingen,
Mächtigen Rufes, durch Feld und Hain?
Ach, auf das mutige Ross mich zu schwingen,
An den fröhlichen Zug mich zu reihn!
Noch mehr! O die bekannte Stimme,
Schmerzlich süßer Erinnerung voll.
Oft vernahm sie mein Ohr mit Freuden,
Auf des Hochlands bergigten Heiden,
Wenn die tobende Jagd erscholl.

Hifthorn
Jagdhorn

ZWEITER AUFTRITT

Paulet. Die Vorigen.

PAULET. Nun! Hab ich's endlich recht gemacht, Mylady?
Verdien ich einmal Euern Dank?
MARIA. Wie, Ritter?
Seid Ihr's, der diese Gunst mir ausgewirkt?
Ihr seid's?
PAULET. Warum soll ich's nicht sein? Ich war
Am Hof, ich überbrachte Euer Schreiben –
MARIA. Ihr übergabt es? Wirklich, tatet Ihr's?
Und diese Freiheit, die ich jetzt genieße,
Ist eine Frucht des Briefs –
PAULET *(mit Bedeutung).* Und nicht die einz'ge!
Macht Euch auf eine größre noch gefasst.
MARIA. Auf eine größre, Sir? Was meint Ihr damit?
PAULET. Ihr hörtet doch die Hörner –
MARIA *(zurückfahrend, mit Ahnung).* Ihr erschreckt mich!
PAULET. Die Königin jagt in dieser Gegend.
MARIA. Was?
PAULET. In wenig Augenblicken steht sie vor Euch.
KENNEDY *(auf Maria zueilend, welche zittert und hinzusinken droht).*
Wie wird Euch, teure Lady! Ihr verblasst.
PAULET. Nun? Ist's nun nicht recht? War's nicht Eure Bitte?
Sie wird Euch früher gewährt, als Ihr gedacht.
Ihr wart sonst immer so geschwinder Zunge,
Jetzt bringet Eure Worte an, jetzt ist
Der Augenblick zu reden!
MARIA. O warum hat man mich nicht vorbereitet!
Jetzt bin ich nicht darauf gefasst, jetzt nicht.
Was ich mir als die höchste Gunst erbeten,
Dünkt mir jetzt schrecklich, fürchterlich – Komm, Hanna,
Führ mich ins Haus, dass ich mich fasse, mich
Erhole –
PAULET. Bleibt. Ihr müsst sie hier erwarten.
Wohl, wohl mag's Euch beängstigen, ich glaub's,
Vor Eurem Richter zu erscheinen.

DRITTER AUFTRITT

Graf Shrewsbury zu den Vorigen.

MARIA. Es ist nicht darum! Gott, mir ist ganz anders
Zumut – Ach edler Shrewsbury! Ihr kommt,
Vom Himmel mir ein Engel zugesendet!
– Ich kann sie nicht sehn! Rettet, rettet mich
Von dem verhassten Anblick –
SHREWSBURY. Kommt zu Euch, Königin! Fasst Euren Mut
Zusammen. Das ist die entscheidungsvolle Stunde.
MARIA. Ich habe drauf geharret – jahrelang
Mich drauf bereitet, alles hab ich mir
Gesagt und ins Gedächtnis eingeschrieben,
Wie ich sie rühren wollte und bewegen!
Vergessen plötzlich, ausgelöscht ist alles,
Nichts lebt in mir in diesem Augenblick,
Als meiner Leiden brennendes Gefühl.
In blut'gen Hass gewendet wider sie
Ist mir das Herz, es fliehen alle guten
Gedanken, und die Schlangenhaare schüttelnd →
Umstehen mich die finstern Höllengeister. →
SHREWSBURY. Gebietet Eurem wild empörten Blut,
Bezwingt des Herzens Bitterkeit! Es bringt
Nicht gute Frucht, wenn Hass dem Hass begegnet.
Wie sehr auch Euer Innres widerstrebe,
Gehorcht der Zeit und dem Gesetz der Stunde!
Sie ist die Mächtige – demütigt Euch!
MARIA. Vor ihr! Ich kann es nimmermehr.
SHREWSBURY. Tut's dennoch!
Sprecht ehrerbietig, mit Gelassenheit!
Ruft ihre Großmut an, trotzt nicht, jetzt nicht
Auf Euer Recht, jetzo ist nicht die Stunde.
MARIA. Ach mein Verderben hab ich mir erfleht,
Und mir zum Fluche wird mein Flehn erhört!
Nie hätten wir uns sehen sollen, niemals!
Daraus kann nimmer, nimmer Gutes kommen!
Eh' mögen Feu'r und Wasser sich in Liebe
Begegnen und das Lamm den Tiger küssen –
Ich bin zu schwer verletzt – sie hat zu schwer
Beleidigt – Nie ist zwischen uns Versöhnung!
SHREWSBURY. Seht sie nur erst von Angesicht!
Ich sah es ja, wie sie von Eurem Brief

Erschüttert war, ihr Auge schwamm in Tränen.
Nein, sie ist nicht gefühllos, hegt Ihr selbst
Nur besseres Vertrauen – Darum eben
Bin ich vorausgeeilt, damit ich Euch
In Fassung setzen und ermahnen möchte.
MARIA *(seine Hand ergreifend).*
Ach Talbot! Ihr wart stets mein Freund – dass ich
In Eurer milden Haft geblieben wäre!
Es ward mir hart begegnet, Shrewsbury!
SHREWSBURY. Vergesst jetzt alles. Darauf denkt allein,
Wie Ihr sie unterwürfig wollt empfangen.
MARIA. Ist Burleigh auch mit ihr, mein böser Engel?
SHREWSBURY. Niemand begleitet sie als Graf von Leicester.
MARIA. Lord Leicester!
SHREWSBURY. Fürchtet nichts von ihm. Nicht er
Will Euren Untergang – Sein Werk ist es,
Dass Euch die Königin die Zusammenkunft
Bewilligt.
MARIA. Ach! Ich wusst' es wohl!
SHREWSBURY. Was sagt Ihr?
PAULET. Die Königin kommt!
(Alles weicht auf die Seite; nur Maria bleibt, auf die Kennedy gelehnt)

VIERTER AUFTRITT

Die Vorigen. Elisabeth. Graf Leicester. Gefolge.

ELISABETH *(zu Leicester).* Wie heißt der Landsitz?
LEICESTER. Fotheringhayschloss.
ELISABETH *(zu Shrewsbury).*
Schickt unser Jagdgefolg voraus nach London,
Das Volk drängt allzu heftig in den Straßen,
Wir suchen Schutz in diesem stillen Park.
(Talbot entfernt das Gefolge. Sie fixiert mit den Augen die Maria, indem sie zu Paulet weiterspricht)
Mein gutes Volk liebt mich zu sehr. Unmäßig,
Abgöttisch sind die Zeichen seiner Freude,
So ehrt man einen Gott, nicht einen Menschen.
MARIA *(welche diese Zeit über halb ohnmächtig auf die Amme gelehnt war, erhebt sich jetzt und ihr Auge begegnet dem ge-*

spannten Blick der Elisabeth. Sie schaudert zusammen und wirft sich wieder an der Amme Brust).
O Gott, aus diesen Zügen spricht kein Herz!
ELISABETH. Wer ist die Lady?
(Ein allgemeines Schweigen)
LEICESTER. – Du bist zu Fotheringhay, Königin.
ELISABETH *(stellt sich überrascht und erstaunt, einen finstern Blick auf Leicestern richtend).*
Wer hat mir das getan? Lord Leicester!
LEICESTER. Es ist geschehen, Königin – Und nun
Der Himmel deinen Schritt hieher gelenkt,
So lass die Großmut und das Mitleid siegen.
SHREWSBURY. Lass dich erbitten, königliche Frau,
Dein Aug auf die Unglückliche zu richten,
Die hier vergeht vor deinem Anblick.
(Maria rafft sich zusammen und will auf die Elisabeth zugehen, steht aber auf halbem Weg schaudernd still, ihre Gebärden drücken den heftigsten Kampf aus)
ELISABETH. Wie, Mylords?
Wer war es denn, der eine tief Gebeugte
Mir angekündigt? Eine Stolze find ich,
Vom Unglück keineswegs geschmeidigt.
MARIA. Sei's:
Ich will mich auch noch diesem unterwerfen.
Fahr hin, ohnmächt'ger Stolz der edeln Seele!
Ich will vergessen, wer ich bin, und was
Ich litt, ich will vor ihr mich niederwerfen,
Die mich in diese Schmach hinunterstieß.
(Sie wendet sich gegen die Königin)
Der Himmel hat für Euch entschieden, Schwester!
Gekrönt vom Sieg ist Euer glücklich Haupt,
Die Gottheit bet ich an, die Euch erhöhte!
(Sie fällt vor ihr nieder)
Doch seid auch Ihr nun edelmütig, Schwester!
Lasst mich nicht schmachvoll liegen, Eure Hand
Streckt aus, reicht mir die königliche Rechte,
Mich zu erheben von dem tiefen Fall.
ELISABETH *(zurücktretend).*
Ihr seid an Eurem Platz, Lady Maria!
Und dankend preis ich meines Gottes Gnade,
Der nicht gewollt, dass ich zu Euren Füßen
So liegen sollte, wie Ihr jetzt zu meinen.
MARIA *(mit steigendem Affekt).*

Denkt an den Wechsel alles Menschlichen!
Es leben Götter, die den Hochmut rächen!
Verehret, fürchtet sie, die schrecklichen,
Die mich zu Euren Füßen niederstürzen –
Um dieser fremden Zeugen willen, ehrt
In mir Euch selbst, entweihet, schändet nicht
Das Blut der Tudor, das in meinen Adern
Wie in den Euren fließt – O Gott im Himmel!
Steht nicht da, schroff und unzugänglich, wie
Die Felsenklippe, die der Strandende
Vergeblich ringend zu erfassen strebt.
Mein Alles hängt, mein Leben, mein Geschick,
An meiner Worte, meiner Tränen Kraft,
Löst mir das Herz, dass ich das Eure rühre!
Wenn Ihr mich anschaut mit dem Eisesblick,
Schließt sich das Herz mir schaudernd zu, der Strom
Der Tränen stockt, und kaltes Grauen fesselt
Die Flehensworte mir im Busen an.

ELISABETH *(kalt und streng).*
Was habt Ihr mir zu sagen, Lady Stuart?
Ihr habt mich sprechen wollen. Ich vergesse
Die Königin, die schwer beleidigte,
Die fromme Pflicht der Schwester zu erfüllen,
Und meines Anblicks Trost gewähr ich Euch.
Dem Trieb der Großmut folg ich, setze mich
Gerechtem Tadel aus, dass ich so weit
Heruntersteige – denn Ihr wisst,
Dass Ihr mich habt ermorden lassen wollen.

MARIA. Womit soll ich den Anfang machen, wie
Die Worte klüglich stellen, dass sie Euch
Das Herz ergreifen, aber nicht verletzen!
O Gott, gib meiner Rede Kraft, und nimm
Ihr jeden Stachel, der verwunden könnte!
Kann ich doch für mich selbst nicht sprechen, ohne Euch
Schwer zu verklagen, und das will ich nicht.
– Ihr habt an mir gehandelt, wie nicht recht ist,
Denn ich bin eine Königin wie Ihr,
Und Ihr habt als Gefangne mich gehalten,
Ich kam zu Euch als eine Bittende,
Und Ihr, des Gastrechts heilige Gesetze,
Der Völker heilig Recht in mir verhöhnend,
Schlosst mich in Kerkermauern ein, die Freunde,
Die Diener werden grausam mir entrissen,

Unwürd'gem Mangel werd ich preisgegeben,
Man stellt mich vor ein schimpfliches Gericht –
Nichts mehr davon! Ein ewiges Vergessen
Bedecke, was ich Grausames erlitt.
– Seht! Ich will alles eine Schickung nennen,
Ihr seid nicht schuldig, ich bin auch nicht schuldig,
Ein böser Geist stieg aus dem Abgrund auf,
Den Hass in unsern Herzen zu entzünden,
Der unsre zarte Jugend schon entzweit.
Er wuchs mit uns, und böse Menschen fachten
Der unglücksel'gen Flamme Atem zu.
Wahnsinn'ge Eiferer bewaffneten
Mit Schwert und Dolch die unberufne Hand –
Das ist das Fluchgeschick der Könige,
Dass sie, entzweit, die Welt in Hass zerreißen
Und jeder Zwietracht Furien entfesseln.
– Jetzt ist kein fremder Mund mehr zwischen uns,
(nähert sich ihr zutraulich und mit schmeichelndem Ton)
Wir stehn einander selbst nun gegenüber.
Jetzt, Schwester, redet! Nennt mir meine Schuld,
Ich will Euch völliges Genügen leisten.
Ach, dass Ihr damals mir Gehör geschenkt,
Als ich so dringend Euer Auge suchte!
Es wäre nie so weit gekommen, nicht
An diesem traur'gen Ort geschähe jetzt
Die unglückselig traurige Begegnung.
ELISABETH. Mein guter Stern bewahrte mich davor,
Die Natter an den Busen mir zu legen.
– Nicht die Geschicke, Euer schwarzes Herz
Klagt an, die wilde Ehrsucht Eures Hauses.
Nichts Feindliches war zwischen uns geschehn,
Da kündigte mir Euer Ohm, der stolze,
Herrschwüt'ge Priester, der die freche Hand
Nach allen Kronen streckt, die Fehde an,
Betörte Euch, mein Wappen anzunehmen,
Euch meine Königstitel zuzueignen,
Auf Tod und Leben in den Kampf mit mir
Zu gehn – Wen rief er gegen mich nicht auf?
Der Priester Zungen und der Völker Schwert,
Des frommen Wahnsinns fürchterliche Waffen,
Hier selbst, im Friedenssitze meines Reichs,
Blies er mir der Empörung Flammen an –
Doch Gott ist mit mir, und der stolze Priester

Behält das Feld nicht – Meinem Haupte war
Der Streich gedrohet, und das Eure fällt!
MARIA. Ich steh in Gottes Hand. Ihr werdet Euch
So blutig Eurer Macht nicht überheben –
ELISABETH. Wer soll mich hindern? Euer Oheim gab
Das Beispiel allen Königen der Welt,
Wie man mit seinen Feinden Frieden macht,
← Die Sankt Barthelemi sei meine Schule!
Was ist mir Blutsverwandtschaft, Völkerrecht?
Die Kirche trennet aller Pflichten Band,
Den Treubruch heiligt sie, den Königsmord,
Ich übe nur, was Eure Priester lehren.
Sagt! Welches Pfand gewährte mir für Euch,
Wenn ich großmütig Eure Bande löste?
Mit welchem Schloss verwahr ich Eure Treue,
Das nicht Sankt Peters Schlüssel öffnen kann?
Gewalt nur ist die einz'ge Sicherheit,
Kein Bündnis ist mit dem Gezücht der Schlangen.
MARIA. O das ist Euer traurig finstrer Argwohn!
Ihr habt mich stets als eine Feindin nur
Und Fremdlingin betrachtet. Hättet Ihr
Zu Eurer Erbin mich erklärt, wie mir
Gebührt, so hätten Dankbarkeit und Liebe
Euch eine treue Freundin und Verwandte
In mir erhalten.
ELISABETH. Draußen, Lady Stuart,
Ist Eure Freundschaft, Euer Haus das Papsttum,
Der Mönch ist Euer Bruder – Euch, zur Erbin
Erklären! Der verräterische Fallstrick!
Dass Ihr bei meinem Leben noch mein Volk
← Verführtet, eine listige Armida,
Die edle Jugend meines Königreichs
In Eurem Buhlernetze schlau verstricktet –
Dass alles sich der neu aufgehnden Sonne
Zuwendete, und ich –
MARIA. Regiert in Frieden!
Jedwedem Anspruch auf das Reich entsag ich.
Ach, meines Geistes Schwingen sind gelähmt,
Nicht Größe lockt mich mehr – Ihr habt's erreicht.
Ich bin nur noch der Schatten der Maria.
Gebrochen ist in langer Kerkerschmach
Der edle Mut – Ihr habt das Äußerste an mir
Getan, habt mich zerstört in meiner Blüte!

– Jetzt macht ein Ende, Schwester. Sprecht es aus,
Das Wort, um dessentwillen Ihr gekommen,
Denn nimmer will ich glauben, dass Ihr kamt,
Um Euer Opfer grausam zu verhöhnen.
Sprecht dieses Wort aus. Sagt mir: „Ihr seid frei,
Maria! Meine Macht habt Ihr gefühlt,
Jetzt lernet meinen Edelmut verehren."
Sagt's, und ich will mein Leben, meine Freiheit Als ein
Geschenk aus Eurer Hand empfangen.
– Ein Wort macht alles ungeschehn. Ich warte
Darauf. O lasst mich's nicht zu lang erharren!
Weh Euch, wenn Ihr mit diesem Wort nicht endet!
Denn wenn Ihr jetzt nicht segenbringend, herrlich,
Wie eine Gottheit von mir scheidet – Schwester!
Nicht um dies ganze reiche Eiland, nicht
Um alle Länder, die das Meer umfasst,
Möcht ich vor Euch so stehn, wie Ihr vor mir!
ELISABETH. Bekennt Ihr endlich Euch für überwunden?
Ist's aus mit Euren Ränken? Ist kein Mörder
Mehr unterweges? Will kein Abenteurer
Für Euch die traur'ge Ritterschaft mehr wagen?
– Ja, es ist aus, Lady Maria. Ihr verführt
Mir keinen mehr. Die Welt hat andre Sorgen.
Es lüstet keinen, Euer – vierter Mann
Zu werden, denn Ihr tötet Eure Freier
Wie Eure Männer!
MARIA *(auffahrend)*. Schwester! Schwester!
O Gott! Gott! Gib mir Mäßigung!
ELISABETH
(sieht sie lange mit einem Blick stolzer Verachtung an).
Das also sind die Reizungen, Lord Leicester,
Die ungestraft kein Mann erblickt, daneben
Kein andres Weib sich wagen darf zu stellen!
Fürwahr! Der Ruhm war wohlfeil zu erlangen,
Es kostet nichts, die allgemeine Schönheit
Zu sein, als die gemeine sein für alle!
MARIA. Das ist zu viel!
ELISABETH *(höhnisch lachend)*. Jetzt zeigt Ihr Euer wahres
Gesicht, bis jetzt war's nur die Larve.
MARIA *(vor Zorn glühend, doch mit einer edeln Würde)*.
Ich habe menschlich, jugendlich gefehlt,
Die Macht verführte mich, ich hab es nicht
Verheimlicht und verborgen, falschen Schein

Hab ich verschmäht, mit königlichem Freimut.
Das Ärgste weiß die Welt von mir, und ich
Kann sagen, ich bin besser als mein Ruf.
Weh Euch, wenn sie von Euren Taten einst
Den Ehrenmantel zieht, womit Ihr gleißend
Die wilde Glut verstohlner Lüste deckt.
Nicht Ehrbarkeit habt Ihr von Eurer Mutter
Geerbt, man weiß, um welcher Tugend willen
Anna von Boleyn das Schafott bestiegen.

SHREWSBURY *(tritt zwischen beide Königinnen).*
O Gott des Himmels! Muss es dahin kommen!
Ist das die Mäßigung, die Unterwerfung,
Lady Maria?

MARIA. Mäßigung! Ich habe
Ertragen, was ein Mensch ertragen kann.
Fahr hin, lammherzige Gelassenheit,
Zum Himmel fliehe, leidende Geduld,
Spreng endlich deine Bande, tritt hervor
Aus deiner Höhle, lang verhaltner Groll –
Und du, der dem gereizten Basilisk
Den Mordblick gab, leg auf die Zunge mir
Den gift'gen Pfeil –

Basilisk Fabeltier, dessen Blick tötet

SHREWSBURY. O sie ist außer sich!
Verzeih der Rasenden, der schwer Gereizten!
(Elisabeth, für Zorn sprachlos, schießt wütende Blicke auf Marien)

LEICESTER *(in der heftigsten Unruhe, sucht die Elisabeth hinwegzuführen).* Höre
Die Wütende nicht an! Hinweg, hinweg
Von diesem unglücksel'gen Ort!

MARIA. Der Thron von England ist durch einen Bastard
Entweiht, der Briten edelherzig Volk
Durch eine list'ge Gauklerin betrogen.
– Regierte Recht, so läget Ihr vor mir
Im Staube jetzt, denn ich bin Euer König.
(Elisabeth geht schnell ab, die Lords folgen ihr in der höchsten Bestürzung)

FÜNFTER AUFTRITT

Maria. Kennedy.

KENNEDY. O was habt Ihr getan! Sie geht in Wut!
Jetzt ist es aus und alle Hoffnung schwindet.
MARIA *(noch ganz außer sich).*
Sie geht in Wut! Sie trägt den Tod im Herzen!
(Der Kennedy um den Hals fallend)
O wie mir wohl ist, Hanna! Endlich, endlich
Nach Jahren der Erniedrigung, der Leiden,
Ein Augenblick der Rache, des Triumphs!
Wie Bergeslasten fällt's von meinem Herzen,
Das Messer stieß ich in der Feindin Brust.
KENNEDY. Unglückliche! Der Wahnsinn reißt Euch hin,
Ihr habt die Unversöhnliche verwundet.
Sie führt den Blitz, sie ist die Königin,
Vor ihrem Buhlen habt Ihr sie verhöhnt!
MARIA. Vor Leicesters Augen hab ich sie erniedrigt!
Er sah es, er bezeugte meinen Sieg!
Wie ich sie niederschlug von ihrer Höhe,
Er stand dabei, mich stärkte seine Nähe!

SECHSTER AUFTRITT

Mortimer zu den Vorigen.

KENNEDY. O Sir! Welch ein Erfolg –
MORTIMER. Ich hörte alles.
(Gibt der Amme ein Zeichen, sich auf ihren Posten zu begeben, und tritt näher. Sein ganzes Wesen drückt eine heftige leidenschaftliche Stimmung aus)
Du hast gesiegt! Du tratst sie in den Staub,
Du warst die Königin, sie der Verbrecher.
Ich bin entzückt von deinem Mut, ich bete
Dich an, wie eine Göttin groß und herrlich
Erscheinst du mir in diesem Augenblick.
MARIA. Ihr spracht mit Leicestern, überbrachtet ihm
Mein Schreiben, mein Geschenk – O redet, Sir!
MORTIMER *(mit glühenden Blicken sie betrachtend).*
Wie dich der edle königliche Zorn
Umglänzte, deine Reize mir verklärte!

Du bist das schönste Weib auf dieser Erde!
MARIA. Ich bitt Euch, Sir! Stillt meine Ungeduld.
Was spricht Mylord? O sagt, was darf ich hoffen?
MORTIMER. Wer? Er? das ist ein Feiger, Elender!
Hofft nichts von ihm, verachtet ihn, vergesst ihn!
MARIA. Was sagt Ihr?
MORTIMER. Er Euch retten und besitzen!
Er Euch! Er soll es wagen! Er! Mit mir
Muss er auf Tod und Leben darum kämpfen!
MARIA. Ihr habt ihm meinen Brief nicht übergeben?
– O dann ist's aus!
MORTIMER. Der Feige liebt das Leben.
Wer dich will retten und die Seine nennen,
Der muss den Tod beherzt umarmen können.
MARIA. Er will nichts für mich tun!
MORTIMER. Nichts mehr von ihm!
Was kann er tun, und was bedarf man sein?
Ich will dich retten, ich allein!
MARIA. Ach, was vermögt Ihr!
MORTIMER. Täuschet Euch nicht mehr,
Als ob es noch wie gestern mit Euch stünde!
So wie die Königin jetzt von Euch ging,
Wie dies Gespräch sich wendete, ist alles
Verloren, jeder Gnadenweg gesperrt.
Der Tat bedarf's jetzt, Kühnheit muss entscheiden,
Für alles werde alles frisch gewagt,
Frei müsst Ihr sein, noch eh der Morgen tagt.
MARIA. Was sprecht Ihr? diese Nacht! Wie ist das möglich?
MORTIMER. Hört, was beschlossen ist. Versammelt hab ich
In heimlicher Kapelle die Gefährten,
Ein Priester hörte unsre Beichte an,
Ablass ist uns erteilt für alle Schulden,
Die wir begingen, Ablass im Voraus
Für alle, die wir noch begehen werden,
Das letzte Sakrament empfingen wir,
Und fertig sind wir zu der letzten Reise.
MARIA. O welche fürchterliche Vorbereitung!
MORTIMER. Dies Schloss ersteigen wir in dieser Nacht,
Der Schlüssel bin ich mächtig. Wir ermorden
Die Hüter, reißen dich aus deiner Kammer
Gewaltsam, sterben muss von unsrer Hand,
Dass niemand überbleibe, der den Raub
Verraten könne, jede lebende Seele.

MARIA. Und Drury, Paulet, meine Kerkermeister?
O eher werden sie ihr letztes Blut –
MORTIMER. Von meinem Dolche fallen sie zuerst!
MARIA. Was? Euer Oheim, Euer zweiter Vater?
MORTIMER. Von meinen Händen stirbt er. Ich ermord ihn.
MARIA. O blut'ger Frevel!
MORTIMER. Alle Frevel sind
Vergeben im Voraus. Ich kann das Ärgste
Begehen, und ich will's.
MARIA. O schrecklich, schrecklich!
MORTIMER. Und müsst ich auch die Königin durchbohren,
Ich hab es auf die Hostie geschworen. →
MARIA. Nein, Mortimer! Eh so viel Blut um mich –
MORTIMER. Was ist mir alles Leben gegen dich
Und meine Liebe! Mag der Welten Band
Sich lösen, eine zweite Wasserflut
Herwogend alles Atmende verschlingen!
– Ich achte nichts mehr! Eh ich dir entsage,
Eh nahe sich das Ende aller Tage.
MARIA *(zurücktretend).*
Gott! Welche Sprache, Sir, und – welche Blicke!
– Sie schrecken, sie verscheuchen mich.
MORTIMER *(mit irren Blicken und im Ausdruck des stillen Wahnsinns).* Das Leben ist
Nur ein Moment, der Tod ist auch nur einer!
– Man schleife mich nach Tyburn, Glied für Glied
Zerreiße man mit glühnder Eisenzange,
(indem er heftig auf sie zugeht mit ausgebreiteten Armen)
Wenn ich dich, heiß Geliebte, umfange –
MARIA *(zurücktretend).* Unsinniger, zurück –
MORTIMER. An dieser Brust,
Auf diesem Liebe atmenden Munde –
MARIA. Um Gottes willen, Sir! Lasst mich hineingehn!
MORTIMER. Der ist ein Rasender, der nicht das Glück
Festhält in unauflöslicher Umarmung,
Wenn es ein Gott in seine Hand gegeben.
Ich will dich retten, kost es tausend Leben,
Ich rette dich, ich will es, doch so wahr
Gott lebt! ich schwör's, ich will dich auch besitzen.
MARIA. O will kein Gott, kein Engel mich beschützen!
Furchtbares Schicksal! Grimmig schleuderst du
Von einem Schrecknis mich dem andern zu.
Bin ich geboren, nur die Wut zu wecken?

Tyburn
In Tyburn fanden damals die Hinrichtungen statt.

Verschwört sich Hass und Liebe, mich zu schrecken.
MORTIMER. Ja, glühend, wie sie hassen, lieb ich dich!
Sie wollen dich enthaupten, diesen Hals,
Den blendend weißen, mit dem Beil durchschneiden.
O weihe du dem Lebensgott der Freuden,
Was du dem Hasse blutig opfern musst.
Mit diesen Reizen, die nicht dein mehr sind,
Beselige den glücklichen Geliebten.
Die schöne Locke, dieses seidne Haar,
Verfallen schon den finstern Todesmächten,
Gebrauch's, den Sklaven ewig zu umflechten!
MARIA. O welche Sprache muss ich hören! Sir!
Mein Unglück sollt Euch heilig sein, mein Leiden,
Wenn es mein königliches Haupt nicht ist.
MORTIMER. Die Krone ist von deinem Haupt gefallen,
Du hast nichts mehr von ird'scher Majestät,
Versuch es, lass dein Herrscherwort erschallen,
Ob dir ein Freund, ein Retter aufersteht.
Nichts blieb dir als die rührende Gestalt,
Der hohen Schönheit göttliche Gewalt,
Die lässt mich alles wagen und vermögen,
Die treibt dem Beil des Henkers mich entgegen –
MARIA. O wer errettet mich von seiner Wut!
MORTIMER. Verwegner Dienst belohnt sich auch verwegen!
Warum verspritzt der Tapfere sein Blut?
Ist Leben doch des Lebens höchstes Gut!
Ein Rasender, der es umsonst verschleudert!
Erst will ich ruhn an seiner wärmsten Brust – *(Er presst sie heftig an sich)*
MARIA. O muss ich Hülfe rufen gegen den Mann,
Der mein Erretter –
MORTIMER. Du bist nicht gefühllos,
Nicht kalter Strenge klagt die Welt dich an,
Dich kann die heiße Liebesbitte rühren,
Du hast den Sänger Rizzio beglückt,
Und jener Bothwell durfte dich entführen.
MARIA. Vermessener!
MORTIMER. Er war nur dein Tyrann!
Du zittertest vor ihm, da du ihn liebtest!
Wenn nur der Schrecken dich gewinnen kann,
Beim Gott der Hölle! –
MARIA. Lasst mich! Raset Ihr?
MORTIMER. Erzittern sollst du auch vor mir!

KENNEDY *(hereinstürzend).*
Man naht. Man kommt. Bewaffnet Volk erfüllt
Den ganzen Garten.
MORTIMER *(auffahrend und zum Degen greifend).*
Ich beschütze dich.
MARIA. O Hanna! Rette mich aus seinen Händen!
Wo find ich Ärmste einen Zufluchtsort?
Zu welchem Heiligen soll ich mich wenden?
Hier ist Gewalt und drinnen ist der Mord.
(Sie flieht dem Hause zu, Kennedy folgt)

SIEBENTER AUFTRITT

Mortimer, Paulet und Drury, welche außer sich hereinstürzen. Gefolge eilt über die Szene.

PAULET. Verschließt die Pforten. Zieht die Brücken auf!
MORTIMER. Oheim, was ist's?
PAULET. Wo ist die Mörderin?
Hinab mit ihr ins finsterste Gefängnis!
MORTIMER. Was gibt's? Was ist geschehn?
PAULET. Die Königin
Verfluchte Hände! Teuflisches Erkühnen!
MORTIMER. Die Königin! Welche Königin?
PAULET. Von England!
Sie ist ermordet auf der Londner Straßen! *(Eilt ins Haus)*

ACHTER AUFTRITT

Mortimer, gleich darauf Okelly.

MORTIMER. Bin ich im Wahnwitz? Kam nicht eben jemand
Vorbei und rief, die Königin sei ermordet?
Nein, nein, mir träumte nur. Ein Fieberwahn
Bringt mir als wahr und wirklich vor den Sinn,
Was die Gedanken grässlich mir erfüllt.
Wer kommt? Es ist Okell'. So schreckensvoll!
OKELLY *(hereinstürzend).*
Flieht, Mortimer! Flieht. Alles ist verloren.
MORTIMER. Was ist verloren?
OKELLY. Fragt nicht lange. Denkt

Auf schnelle Flucht.
MORTIMER. Was gibt's denn?
OKELLY. Sauvage führte
Den Streich, der Rasende.
MORTIMER. So ist es wahr?
OKELLY. Wahr, wahr! O rettet Euch!
MORTIMER. Sie ist ermordet,
Und auf den Thron von England steigt Maria!
OKELLY. Ermordet! Wer sagt das?
MORTIMER. Ihr selbst!
OKELLY. Sie lebt!
Und ich und Ihr, wir alle sind des Todes.
MORTIMER. Sie lebt!
OKELLY. Der Stoß ging fehl, der Mantel fing ihn auf,
Und Shrewsbury entwaffnete den Mörder.
MORTIMER. Sie lebt!
OKELLY. Lebt, um uns alle zu verderben!
Kommt, man umzingelt schon den Park.
MORTIMER. Wer hat
Das Rasende getan?
← OKELLY. Der Barnabit
Aus Toulon war's, den Ihr in der Kapelle
Tiefsinnig sitzen saht, als uns der Mönch
Das Anathem ausdeutete, worin
Der Papst die Königin mit dem Fluch belegt.
Das Nächste, Kürzeste wollt' er ergreifen,
Mit einem kecken Streich die Kirche Gottes
Befrein, die Martyrkrone sich erwerben,
Dem Priester nur vertraut' er seine Tat,
Und auf dem Londoner Weg ward sie vollbracht.
MORTIMER *(nach einem langen Stillschweigen)*.
O dich verfolgt ein grimmig wütend Schicksal,
Unglückliche! Jetzt – ja, jetzt musst du sterben,
Dein Engel selbst bereitet deinen Fall.
OKELLY. Sagt! Wohin wendet Ihr die Flucht? Ich gehe,
Mich in des Nordens Wäldern zu verbergen.
MORTIMER. Flieht hin und Gott geleite Eure Flucht!
Ich bleibe. Noch versuch ich's, sie zu retten,
Wo nicht, auf ihrem Sarge mir zu betten.
(Gehen ab zu verschiedenen Seiten)

Anathem *(griechisch)* Kirchenbann

mir zu betten mir ein Bett zu bereiten

VIERTER AUFZUG

Vorzimmer

ERSTER AUFTRITT

Graf Aubespine, Kent und Leicester.

AUBESPINE. Wie steht's um Ihro Majestät? Mylords,
Ihr seht mich noch ganz außer mir für Schrecken.
Wie ging das zu? Wie konnte das in Mitte
Des allertreusten Volks geschehen?
LEICESTER. Es geschah
Durch keinen aus dem Volke. Der es tat,
War Eures Königs Untertan, ein Franke.
AUBESPINE. Ein Rasender gewisslich.
KENT. Ein Papist,
Graf Aubespine!

ZWEITER AUFTRITT

Vorige. Burleigh im Gespräch mit Davison.

BURLEIGH. Sogleich muss der Befehl
Zur Hinrichtung verfasst und mit dem Siegel
Versehen werden – Wenn er ausgefertigt,
Wird er der Königin zur Unterschrift
Gebracht. Geht! Keine Zeit ist zu verlieren.
DAVISON. Es soll geschehn. *(Geht ab)*
AUBESPINE *(Burleigh entgegen).* Mylord, mein treues Herz
Teilt die gerechte Freude dieser Insel.
Lob sei dem Himmel, der den Mörderstreich
Gewehrt von diesem königlichen Haupt!
BURLEIGH. Er sei gelobt, der unsrer Feinde Bosheit
Zuschanden machte!
AUBESPINE. Mög ihn Gott verdammen,
Den Täter dieser fluchenswerten Tat!
BURLEIGH. Den Täter und den schändlichen Erfinder.
AUBESPINE *(zu Kent).*
Gefällt es Eurer Herrlichkeit, Lordmarschall,
Bei Ihro Majestät mich einzuführen,
Dass ich den Glückwunsch meines Herrn und Königs

offizios *(französisch: officiel)* würdevoll

Zu ihren Füßen schuldigst niederlege –
BURLEIGH. Bemüht Euch nicht, Graf Aubespine.
AUBESPINE *(offizios).* Ich weiß,
Lord Burleigh, was mir obliegt.
BURLEIGH. Euch liegt ob,
Die Insel auf das schleunigste zu räumen.
AUBESPINE *(tritt erstaunt zurück).*
Was! Wie ist das?
← BURLEIGH. Der heilige Charakter
Beschützt Euch heute noch und morgen nicht mehr.
AUBESPINE. Und was ist mein Verbrechen?
BURLEIGH. Wenn ich es
Genannt, so ist es nicht mehr zu vergeben.
AUBESPINE.
Ich hoffe, Lord, das Recht der Abgesandten –
BURLEIGH. Schützt – Reichsverräter nicht.
LEICESTER und KENT. Ha! Was ist das!
AUBESPINE. Mylord!
Bedenkt Ihr wohl –
BURLEIGH. Ein Pass, von Eurer Hand
Geschrieben, fand sich in des Mörders Tasche.
KENT. Ist's möglich?
AUBESPINE. Viele Pässe teil ich aus.
Ich kann der Menschen Innres nicht erforschen.
BURLEIGH. In Eurem Hause beichtete der Mörder.
AUBESPINE. Mein Haus ist offen.
BURLEIGH. Jedem Feinde Englands.
AUBESPINE. Ich fodre Untersuchung.
BURLEIGH. Fürchtet sie!
AUBESPINE. In meinem Haupt ist mein Monarch verletzt,
Zerreißen wird er das geschlossne Bündnis.
BURLEIGH. Zerrissen schon hat es die Königin,
England wird sich mit Frankreich nicht vermählen.
Mylord von Kent! Ihr übernehmet es,
Den Grafen sicher an das Meer zu bringen.
← Das aufgebrachte Volk hat sein Hotel
Gestürmt, wo sich ein ganzes Arsenal
Von Waffen fand, es droht, ihn zu zerreißen,
Wie er sich zeigt; verberget ihn, bis sich
Die Wut gelegt – Ihr haftet für sein Leben!
AUBESPINE. Ich gehe, ich verlasse dieses Land,
Wo man der Völker Recht mit Füßen tritt
Und mit Verträgen spielt – doch mein Monarch

Wird blut'ge Rechenschaft –
BURLEIGH. Er hole sie!
(Kent und Aubespine geben ab)

DRITTER AUFTRITT

Leicester und Burleigh.

LEICESTER. So löst Ihr selbst das Bündnis wieder auf,
Das Ihr geschäftig unberufen knüpftet.
Ihr habt um England wenig Dank verdient,
Mylord, die Mühe konntet Ihr Euch sparen.
BURLEIGH. Mein Zweck war gut. Gott leitete es anders.
Wohl dem, der sich nichts Schlimmeres bewusst ist!
LEICESTER. Man kennt Cecils geheimnisreiche Miene,
Wenn er die Jagd auf Staatsverbrechen macht.
– Jetzt, Lord, ist eine gute Zeit für Euch.
Ein ungeheurer Frevel ist geschehn,
Und noch umhüllt Geheimnis seine Täter.
Jetzt wird ein Inquisitionsgericht →
Eröffnet. Wort und Blicke werden abgewogen,
Gedanken selber vor Gericht gestellt.
Da seid *Ihr* der allwicht'ge Mann, der Atlas
Des Staats, ganz England liegt auf Euren Schultern.
BURLEIGH. In Euch, Mylord, erkenn ich meinen Meister,
Denn solchen Sieg, als Eure Rednerkunst
Erfocht, hat meine nie davongetragen.
LEICESTER. Was meint Ihr damit, Lord?
BURLEIGH. Ihr wart es doch, der hinter meinem Rücken
Die Königin nach Fotheringhayschloss
Zu locken wusste?
LEICESTER. Hinter Eurem Rücken!
Wann scheuten meine Taten Eure Stirn?
BURLEIGH. Die Königin hättet Ihr nach Fotheringhay
Geführt? Nicht doch! Ihr habt die *Königin*
Nicht hingeführt! – Die Königin war es,
Die so gefällig war, *Euch* hinzuführen.
LEICESTER. Was wollt Ihr damit sagen, Lord?
BURLEIGH. Die edle
Person, die Ihr die Königin dort spielen ließt!
Der herrliche Triumph, den Ihr der arglos
Vertrauenden bereitet – Güt'ge Fürstin!

So schamlos frech verspottete man dich,
So schonungslos wardst du dahingegeben!
– Das also ist die Großmut und die Milde,
Die Euch im Staatsrat plötzlich angewandelt!
Darum ist diese Stuart ein so schwacher,
Verachtungswerter Feind, dass es der Müh
Nicht lohnt, mit ihrem Blut sich zu beflecken!
Ein feiner Plan! Fein zugespitzt! Nur schade,
Zu fein geschärfet, dass die Spitze brach!

LEICESTER.
Nichtswürdiger! Gleich folgt mir! An dem Throne
Der Königin sollt Ihr mir Rede stehn.

BURLEIGH. Dort trefft Ihr mich – Und sehet zu, Mylord,
Dass Euch dort die Beredsamkeit nicht fehle! *(Geht ab)*

VIERTER AUFTRITT

Leicester allein, darauf Mortimer.

LEICESTER. Ich bin entdeckt, ich bin durchschaut – Wie kam
Der Unglückselige auf meine Spuren!
Weh mir, wenn er Beweise hat! Erfährt
Die Königin, dass zwischen mir und der Maria
Verständnisse gewesen – Gott! Wie schuldig
Steh ich vor ihr! Wie hinterlistig treulos
Erscheint mein Rat, mein unglückseliges
Bemühn, nach Fotheringhay sie zu führen!
Grausam verspottet sieht sie sich von mir,
An die verhasste Feindin sich verraten!
O nimmer, nimmer kann sie das verzeihn!
Vorherbedacht wird alles nun erscheinen,
Auch diese bittre Wendung des Gesprächs,
Der Gegnerin Triumph und Hohngelächter,
Ja selbst die Mörderhand, die blutig schrecklich,
Ein unerwartet ungeheures Schicksal,
Dazwischenkam, werd ich bewaffnet haben!
Nicht Rettung seh ich, nirgends! Ha! Wer kommt!

MORTIMER *(kommt in der heftigsten Unruhe und blickt scheu umher).*
Graf Leicester! Seid Ihr's? Sind wir ohne Zeugen?

LEICESTER. Unglücklicher, hinweg! Was sucht Ihr hier?

MORTIMER. Man ist auf unsrer Spur, auf Eurer auch,

Nehmt Euch in Acht!
LEICESTER. Hinweg, hinweg!
MORTIMER. Man weiß,
Dass bei dem Grafen Aubespine geheime
Versammlung war –
LEICESTER. Was kümmert's mich!
MORTIMER. Dass sich der Mörder
Dabei befunden –
LEICESTER. Das ist Eure Sache!
Verwegener! Was unterfangt Ihr Euch,
In Euren blut'gen Frevel mich zu flechten?
Verteidigt Eure bösen Händel selbst!
MORTIMER. So hört mich doch nur an.
LEICESTER *(in heftigem Zorn).* Geht in die Hölle!
Was hängt Ihr Euch, gleich einem bösen Geist,
An meine Fersen! Fort! Ich kenn Euch nicht,
Ich habe nichts gemein mit Meuchelmördern.
MORTIMER.
Ihr wollt nicht hören. Euch zu warnen komm ich,
Auch Eure Schritte sind verraten –
LEICESTER. Ha!
MORTIMER. Der Großschatzmeister war zu Fotheringhay,
Sogleich nachdem die Unglückstat geschehn war,
Der Königin Zimmer wurden streng durchsucht,
Da fand sich –
LEICESTER. Was?
MORTIMER. Ein angefangner Brief
Der Königin an Euch –
LEICESTER. Die Unglücksel'ge!
MORTIMER. Worin sie Euch auffodert, Wort zu halten,
Euch das Versprechen ihrer Hand erneuert,
Des Bildnisses gedenkt –
LEICESTER. Tod und Verdammnis!
MORTIMER. Lord Burleigh hat den Brief.
LEICESTER. Ich bin verloren!
(Er geht während der folgenden Rede Mortimers verzweiflungsvoll auf und nieder)
MORTIMER. Ergreift den Augenblick! Kommt ihm zuvor!
Errettet Euch, errettet sie – Schwört Euch
Heraus, ersinnt Entschuldigungen, wendet
Das Ärgste ab! Ich selbst kann nichts mehr tun.
Zerstreut sind die Gefährten, auseinander
Gesprengt ist unser ganzer Bund. Ich eile

Nach Schottland, neue Freunde dort zu sammeln.
An Euch ist's jetzt, versucht, was Euer Ansehn,
Was eine kecke Stirn vermag!

LEICESTER *(steht still, plötzlich besonnen).* Das will ich.
(Er geht nach der Türe, öffnet sie und ruft)
He da! Trabanten!
(Zu dem Offizier, der mit Bewaffneten hereintritt)
Diesen Staatsverräter
Nehmt in Verwahrung und bewacht ihn wohl!
Die schändlichste Verschwörung ist entdeckt,
Ich bringe selbst der Königin die Botschaft. *(Er geht ab)*

Trabant Fußsoldat, Mitglied der Leibwache

MORTIMER *(steht anfangs starr für Erstaunen, fasst sich aber bald und sieht Leicestern mit einem Blick der tiefsten Verachtung nach).*
Ha, Schändlicher – Doch ich verdiene das!
Wer hieß mich auch dem Elenden vertrauen?
Weg über meinen Nacken schreitet er,
Mein Fall muss ihm die Rettungsbrücke bauen.
– So rette dich! Verschlossen bleibt mein Mund,
Ich will dich nicht in mein Verderben flechten.
Auch nicht im Tode mag ich deinen Bund,
Das Leben ist das einz'ge Gut des Schlechten.
(Zu dem Offizier der Wache, der hervortritt, um ihn gefangen zu nehmen)
Was willst du, feiler Sklav der Tyrannei?
Ich spotte deiner, ich bin frei! *(Einen Dolch ziehend)*

OFFIZIER. Er ist bewehrt – Entreißt ihm seinen Dolch!
(Sie dringen auf ihn ein, er erwehrt sich ihrer)

MORTIMER. Und frei im letzten Augenblick soll
Mein Herz sich öffnen, meine Zunge lösen!
Fluch und Verderben euch, die ihren Gott
Und ihre wahre Königin verraten!
Die von der irdischen Maria sich
Treulos, wie von der himmlischen, gewendet,
Sich dieser Bastardkönigin verkauft –

OFFIZIER. Hört ihr die Lästerung! Auf! Ergreifet ihn.

MORTIMER. Geliebte! Nicht erretten konnt' ich dich,
So will ich dir ein männlich Beispiel geben.
Maria, heil'ge, bitt für mich!
Und nimm mich zu dir in dein himmlisch Leben!
(Er durchsticht sich mit dem Dolch und fällt der Wache in die Arme)

Zimmer der Königin

FÜNFTER AUFTRITT

Elisabeth, einen Brief in der Hand. Burleigh.

ELISABETH. Mich hinzuführen! Solchen Spott mit mir
Zu treiben! Der Verräter! Im Triumph
Vor seiner Buhlerin mich aufzuführen!
O so ward noch kein Weib betrogen, Burleigh!
BURLEIGH. Ich kann es noch nicht fassen, wie es ihm,
Durch welche Macht, durch welche Zauberkünste
Gelang, die Klugheit meiner Königin
So sehr zu überraschen.
ELISABETH. O ich sterbe
Für Scham! Wie musst' er meiner Schwäche spotten!
Sie glaubt' ich zu erniedrigen und war,
Ich selber, ihres Spottes Ziel!
BURLEIGH. Du siehst nun ein, wie treu ich dir geraten!
ELISABETH. O ich bin schwer dafür gestraft, dass ich
Von Eurem weisen Rate mich entfernt!
Und sollt ich ihm nicht glauben? In den Schwüren
Der treusten Liebe einen Fallstrick fürchten?
Wem darf ich traun, wenn er mich hinterging?
Er, den ich groß gemacht vor allen Großen,
Der mir der Nächste stets am Herzen war,
Dem ich verstattete, an diesem Hof
Sich wie der Herr, der König zu betragen!
BURLEIGH. Und zu derselben Zeit verriet er dich
An diese falsche Königin von Schottland!
ELISABETH. O sie bezahle mir's mit ihrem Blut!
– Sagt! Ist das Urteil abgefasst?
BURLEIGH. Es liegt
Bereit, wie du befohlen.
ELISABETH. Sterben soll sie!
Er soll sie fallen sehn und nach ihr fallen.
Verstoßen hab ich ihn aus meinem Herzen,
Fort ist die Liebe, Rache füllt es ganz.
So hoch er stand, so tief und schmählich sei
Sein Sturz! Er sei ein Denkmal meiner Strenge,
Wie er ein Beispiel meiner Schwäche war.
Man führ ihn nach dem Tower, ich werde Peers
Ernennen, die ihn richten, hingegeben

Sei er der ganzen Strenge des Gesetzes.
BURLEIGH. Er wird sich zu dir drängen, sich rechtfert'gen –
ELISABETH. Wie kann er sich rechtfert'gen? Überführt
Ihn nicht der Brief? O sein Verbrechen ist
Klar wie der Tag!
BURLEIGH. Doch du bist mild und gnädig,
Sein Anblick, seine mächt'ge Gegenwart –
ELISABETH. Ich will ihn nicht sehn. Niemals, niemals wieder!
Habt Ihr Befehl gegeben, dass man ihn
Zurückweist, wenn er kommt?
BURLEIGH. So ist's befohlen!
PAGE *(tritt ein).*
Mylord von Leicester!
KÖNIGIN. Der Abscheuliche!
Ich will ihn nicht sehn. Sagt ihm, dass ich ihn
Nicht sehen will.
PAGE. Das wag ich nicht dem Lord
Zu sagen, und er würde mir's nicht glauben.
KÖNIGIN. So hab ich ihn erhöht, dass meine Diener
Vor seinem Ansehn mehr als meinem zittern!
BURLEIGH *(zum Pagen).*
Die Königin verbiet ihm, sich zu nahn!
(Page geht zögernd ab)
KÖNIGIN *(nach einer Pause).*
Wenn's dennoch möglich wäre – Wenn er sich
Rechtfert'gen könnte! – Sagt mir, könnt es nicht
Ein Fallstrick sein, den mir Maria legte,
Mich mit dem treusten Freunde zu entzwein?
Oh, sie ist eine abgefeimte Bübin,
Wenn sie den Brief nur schrieb, mir gift'gen Argwohn
Ins Herz zu streun, ihn, den sie hasst, ins Unglück
Zu stürzen –
BURLEIGH. Aber Königin, erwäge –

SECHSTER AUFTRITT

Vorige. Leicester.

LEICESTER *(reißt die Tür mit Gewalt auf und tritt mit gebieterischem Wesen herein).*
Den Unverschämten will ich sehn, der mir
Das Zimmer meiner Königin verbietet.

ELISABETH. Ha, der Verwegene!
LEICESTER. Mich abzuweisen!
Wenn sie für einen Burleigh sichtbar ist,
So ist sie's auch für mich!
BURLEIGH. Ihr seid sehr kühn, Mylord,
Hier wider die Erlaubnis einzustürmen.
LEICESTER.
Ihr seid sehr frech, Lord, hier das Wort zu nehmen.
Erlaubnis! Was! Es ist an diesem Hofe
Niemand, durch dessen Mund Graf Leicester sich
Erlauben und verbieten lassen kann!
(Indem er sich der Elisabeth demütig nähert)
Aus meiner Königin eignem Mund will ich –
ELISABETH *(ohne ihn anzusehen).*
Aus meinem Angesicht, Nichtswürdiger!
LEICESTER. Nicht meine gütige Elisabeth,
Den Lord vernehm ich, meinen Feind, in diesen
Unholden Worten – Ich berufe mich auf m e i n e
Elisabeth – Du liehest i h m dein Ohr,
Das gleiche fod'r ich.
ELISABETH. Redet, Schändlicher!
Vergrößert Euren Frevel! Leugnet ihn!
LEICESTER. Lasst diesen Überlästigen sich erst
Entfernen – Tretet ab, Mylord – Was ich
Mit meiner Königin zu verhandeln habe,
Braucht keinen Zeugen. Geht.
ELISABETH *(zu Burleigh).* Bleibt. Ich befehl es!
LEICESTER. Was soll der Dritte zwischen dir und mir!
Mit meiner angebeteten Monarchin
Hab ich's zu tun – Die Rechte meines Platzes
Behaupt ich – Es sind heil'ge Rechte!
Und ich bestehe drauf, dass sich der Lord
Entferne!
ELISABETH. Euch geziemt die stolze Sprache!
LEICESTER. Wohl ziemt sie mir, denn ich bin der Beglückte,
Dem deine Gunst den hohen Vorzug gab,
Das hebt mich über ihn und über alle!
Dein Herz verlieh mir diesen stolzen Rang,
Und was die Liebe gab, werd ich, bei Gott!
Mit meinem Leben zu behaupten wissen.
Er geh – und zweier Augenblicke nur
Bedarf's, mich mit dir zu verständigen.
ELISABETH. Ihr hofft umsonst, mich listig zu beschwatzen.

LEICESTER. Beschwatzen konnte dich der Plauderer,
Ich aber will zu deinem Herzen reden!
Und was ich im Vertraun auf deine Gunst
Gewagt, will ich auch nur vor deinem Herzen
Rechtfertigen – Kein anderes Gericht
Erkenn ich über mir als deine Neigung!
ELISABETH. Schamloser! Eben diese ist's, die Euch zuerst
Verdammt – Zeigt ihm den Brief, Mylord!
BURLEIGH. Hier ist er!
LEICESTER *(durchläuft den Brief, ohne die Fassung zu verändern).*
Das ist der Stuart Hand!
ELISABETH. Lest und verstummt!
LEICESTER *(nachdem er gelesen, ruhig).*
Der Schein ist gegen mich, doch darf ich hoffen,
Dass ich nicht nach dem Schein gerichtet werde!
ELISABETH. Könnt Ihr es leugnen, dass Ihr mit der Stuart
In heimlichem Verständnis wart, ihr Bildnis
Empfingt, ihr zur Befreiung Hoffnung machtet?
LEICESTER.
Leicht wäre mir's, wenn ich mich schuldig fühlte,
Das Zeugnis einer Feindin zu verwerfen!
Doch frei ist mein Gewissen, ich bekenne,
Dass sie die Wahrheit schreibt!
ELISABETH. Nun denn,
Unglücklicher!
BURLEIGH. Sein eigner Mund verdammt ihn.
ELISABETH. Aus meinen Augen. In den Tower – Verräter!
LEICESTER. Der bin ich nicht. Ich hab gefehlt, dass ich
Aus diesem Schritt dir ein Geheimnis machte;
Doch redlich war die Absicht, es geschah,
Die Feindin zu erforschen, zu verderben.
ELISABETH. Elende Ausflucht –
BURLEIGH. Wie, Mylord? Ihr glaubt –
LEICESTER. Ich habe ein gewagtes Spiel gespielt,
Ich weiß, und nur Graf Leicester durfte sich
An diesem Hofe solcher Tat erkühnen.
Wie ich die Stuart hasse, weiß die Welt.
Der Rang, den ich bekleide, das Vertrauen,
Wodurch die Königin mich ehrt, muss jeden Zweifel
In meine treue Meinung niederschlagen.
Wohl darf der Mann, den deine Gunst vor allen
Auszeichnet, einen eignen kühnen Weg

Einschlagen, seine Pflicht zu tun.
BURLEIGH. Warum,
Wenn's eine gute Sache war, verschweigt Ihr?
LEICESTER.
Mylord! Ihr pflegt zu schwatzen, eh Ihr handelt,
Und seid die Glocke Eurer Taten. Das
Ist Eure Weise, Lord. Die meine ist,
Erst handeln und dann reden!
BURLEIGH. Ihr redet jetzo, weil Ihr müsst.
LEICESTER *(ihn stolz und höhnisch mit den Augen messend).*
Und Ihr
Berühmt Euch, eine wundergroße Tat
Ins Werk gerichtet, Eure Königin
Gerettet, die Verräterei entlarvt
Zu haben – Alles wisst Ihr, Eurem Scharfblick
Kann nichts entgehen, meint Ihr – Armer Prahler!
Trotz Eurer Spürkunst war Maria Stuart
Noch heute frei, wenn ich es nicht verhindert.
BURLEIGH. Ihr hättet –
LEICESTER. Ich, Mylord. Die Königin
Vertraute sich dem Mortimer, sie schloss
Ihr Innerstes ihm auf, sie ging so weit,
Ihm einen blut'gen Auftrag gegen die Maria
Zu geben, da der Oheim sich mit Abscheu
Von einem gleichen Antrag abgewendet –
Sagt! Ist es nicht so?
(Königin und Burleigh sehen einander betroffen an)
BURLEIGH. Wie gelangtet Ihr
Dazu? –
LEICESTER. Ist's nicht so? – Nun, Mylord! Wo hattet
Ihr Eure tausend Augen, nicht zu sehn,
Dass dieser Mortimer Euch hinterging?
Dass er ein wütender Papist, ein Werkzeug
Der Guisen, ein Geschöpf der Stuart war,
Ein keck entschlossner Schwärmer, der gekommen,
Die Stuart zu befrein, die Königin
Zu morden –
ELISABETH *(mit dem äußersten Erstaunen).*
Dieser Mortimer!
LEICESTER. Er war's, durch den
Maria Unterhandlung mit mir pflog,
Den ich auf diesem Wege kennen lernte.
Noch heute sollte sie aus ihrem Kerker

Gerissen werden, diesen Augenblick
Entdeckte mir's sein eigner Mund, ich ließ ihn
Gefangen nehmen, und in der Verzweiflung,
Sein Werk vereitelt, sich entlarvt zu sehn,
Gab er sich selbst den Tod!
ELISABETH. O ich bin unerhört
Betrogen – dieser Mortimer!
BURLEIGH. Und jetzt
Geschah das? Jetzt, nachdem ich Euch verlassen!
LEICESTER. Ich muss um meinetwillen sehr beklagen,
Dass es dies Ende mit ihm nahm. Sein Zeugnis,
Wenn er noch lebte, würde mich vollkommen
Gereinigt, aller Schuld entledigt haben.
Drum übergab ich ihn des Richters Hand.
Die strengste Rechtsform sollte meine Unschuld
Vor aller Welt bewähren und besiegeln.
BURLEIGH. Er tötete sich, sagt Ihr. Er sich selbst? Oder
Ihr ihn?
LEICESTER. Unwürdiger Verdacht! Man höre
Die Wache ab, der ich ihn übergab!
(Er geht an die Tür und ruft hinaus.
Der Offizier der Leibwache tritt herein)
Erstattet Ihrer Majestät Bericht,
Wie dieser Mortimer umkam!
OFFIZIER. Ich hielt die Wache
Im Vorsaal, als Mylord die Türe schnell
Eröffnete und mir befahl, den Ritter
Als einen Staatsverräter zu verhaften.
Wir sahen ihn hierauf in Wut geraten,
Den Dolch ziehn unter heftiger Verwünschung
Der Königin und, eh wir's hindern konnten,
Ihn in die Brust sich stoßen, dass er tot
Zu Boden stürzte –
LEICESTER. Es ist gut. Ihr könnt
Abtreten, Sir! Die Königin weiß genug!
(Offizier geht ab)
ELISABETH. O welcher Abgrund von Abscheulichkeiten –
LEICESTER. Wer war's nun, der dich rettete? War es
Mylord von Burleigh? Wusst' er die Gefahr,
Die dich umgab? War e r's, der sie von dir
Gewandt? – Dein treuer Leicester war dein Engel!
BURLEIGH.
Graf! Dieser Mortimer starb Euch sehr gelegen.

ELISABETH.
Ich weiß nicht, was ich sagen soll. Ich glaub Euch
Und glaub Euch nicht. Ich denke, Ihr seid schuldig
Und seid es nicht! O die Verhasste, die
Mir all dies Weh bereitet!
LEICESTER. Sie muss sterben.
Jetzt stimm ich selbst für ihren Tod. Ich riet
Dir an, das Urteil unvollstreckt zu lassen,
Bis sich aufs Neu ein Arm für sie erhübe.
Dies ist geschehn – und ich bestehe drauf,
Dass man das Urteil ungesäumt vollstrecke.
BURLEIGH. Ihr rietet dazu! Ihr!
LEICESTER. So sehr es mich
Empört, zu einem Äußersten zu greifen,
Ich sehe nun und glaube, dass die Wohlfahrt
Der Königin dies blut'ge Opfer heischt,
Drum trag ich darauf an, dass der Befehl
Zur Hinrichtung gleich ausgefertigt werde!
BURLEIGH *(zur Königin)*.
Da es Mylord so treu und ernstlich meint,
So trag ich darauf an, dass die Vollstreckung
Des Richterspruchs ihm übertragen werde.
LEICESTER. Mir!
BURLEIGH. Euch. Nicht besser könnt Ihr den Verdacht,
Der jetzt noch auf Euch lastet, widerlegen,
Als wenn Ihr sie, die Ihr geliebt zu haben
Beschuldigt werdet, selbst enthaupten lasset.
ELISABETH *(Leicestern mit den Augen fixierend)*.
Mylord rät gut. So sei's, und dabei bleib es.
LEICESTER. Mich sollte billig meines Ranges Höh
Von einem Auftrag dieses traur'gen Inhalts
Befrein, der sich in jedem Sinne besser
Für einen Burleigh ziemen mag als mich.
Wer seiner Königin so nahe steht,
Der sollte nichts Unglückliches vollbringen.
Jedoch um meinen Eifer zu bewähren,
Um meiner Königin genugzutun,
Begeb ich mich des Vorrechts meiner Würde
Und übernehme die verhasste Pflicht.
ELISABETH. Lord Burleigh teile sie mit Euch!
(Zu diesem) Tragt Sorge,
Dass der Befehl gleich ausgefertigt werde.
(Burleigh geht. Man hört draußen ein Getümmel)

SIEBENTER AUFTRITT

Graf von Kent zu den Vorigen.

ELISABETH.
Was gibt's, Mylord von Kent? Was für ein Auflauf
Erregt die Stadt – Was ist es?
KENT. Königin,
Es ist das Volk, das den Palast umlagert,
Es fodert heftig dringend dich zu sehn.
ELISABETH. Was will mein Volk?
KENT. Der Schrecken geht durch London,
Dein Leben sei bedroht, es gehen Mörder
Umher, vom Papste wider dich gesendet.
Verschworen seien die Katholischen,
Die Stuart aus dem Kerker mit Gewalt
Zu reißen und zur Königin auszurufen.
Der Pöbel glaubt's und wütet. Nur das Haupt
Der Stuart, das noch heute fällt, kann ihn
Beruhigen.
ELISABETH. Wie? Soll mir Zwang geschehn?
KENT. Sie sind entschlossen, eher nicht zu weichen,
Bis du das Urteil unterzeichnet hast.

ACHTER AUFTRITT

Burleigh und Davison mit einer Schrift.
Die Vorigen.

ELISABETH. Was bringt Ihr, Davison?
DAVISON *(nähert sich, ernsthaft).* Du hast befohlen,
O Königin –
ELISABETH. Was ist's? *(Indem sie die Schrift ergreifen will,*
schauert sie zusammen und fährt zurück)
O Gott!
BURLEIGH. Gehorche
Der Stimme des Volks, sie ist die Stimme Gottes.
ELISABETH *(unentschlossen mit sich selbst kämpfend).*
O meine Lords! Wer sagt mir, ob ich wirklich
Die Stimme meines ganzen Volks, die Stimme
Der Welt vernehme! Ach wie sehr befürcht ich,
Wenn ich dem Wunsch der Menge nun gehorcht,

Dass eine ganz verschiedne Stimme sich
Wird hören lassen – ja dass eben die,
Die jetzt gewaltsam zu der Tat mich treiben,
Mich, wenn's vollbracht ist, strenge tadeln werden!

NEUNTER AUFTRITT

Graf Shrewsbury zu den Vorigen.

Wozu will er Elisabeth bewegen → gefühlsgesteuert ↳ in ruhiger Stunde entscheiden

SHREWSBURY *(kommt in großer Bewegung).*
Man will dich übereilen, Königin!
O halte fest, sei standhaft –
(Indem er Davison mit der Schrift gewahr wird)
Oder ist es
Geschehen? Ist es wirklich? Ich erblicke
Ein unglückselig Blatt in dieser Hand,
Das komme meiner Königin jetzt nicht
Vor Augen.
ELISABETH. Edler Shrewsbury! Man zwingt mich.
SHREWSBURY. Wer kann dich zwingen? Du bist Herrscherin,
Hier gilt es, deine Majestät zu zeigen!
Gebiete Schweigen jenen rohen Stimmen,
Die sich erdreisten, deinem Königswillen
Zwang anzutun, dein Urteil zu regieren.
Die Furcht, ein blinder Wahn bewegt das Volk,
Du selbst bist außer dir, bist schwer gereizt,
Du bist ein Mensch, und jetzt kannst du nicht richten.
BURLEIGH. Gerichtet ist schon längst. Hier ist kein Urteil
Zu fällen, zu vollziehen ist's.
KENT *(der sich bei Shrewsburys Eintritt entfernt hat, kommt zurück).* Der Auflauf wächst, das Volk ist länger nicht
Zu bändigen.
ELISABETH *(zu Shrewsbury).* Ihr seht, wie sie mich drängen!
SHREWSBURY. Nur Aufschub fodr' ich. Dieser Federzug
Entscheidet deines Lebens Glück und Frieden.
Du hast es jahrelang bedacht, soll dich
Der Augenblick im Sturme mit sich führen?
Nur kurzen Aufschub. Sammle dein Gemüt,
Erwarte eine ruhigere Stunde.
BURLEIGH *(heftig).* Erwarte, zögre, säume, bis das Reich
In Flammen steht, bis es der Feindin endlich
Gelingt, den Mordstreich wirklich zu vollführen.

Dreimal hat ihn ein Gott von dir entfernt.
Heut hat er *nahe* dich berührt, noch einmal
Ein Wunder hoffen, hieße Gott versuchen.

SHREWSBURY. Der Gott, der dich durch seine Wunderhand
Viermal erhielt, der heut dem schwachen Arm
Des Greisen Kraft gab, einen Wütenden
Zu überwält'gen – *er* verdient Vertrauen!
Ich will die Stimme der Gerechtigkeit
Jetzt nicht erheben, jetzt ist nicht die Zeit,
Du kannst in diesem Sturme sie nicht hören.
Dies eine nur vernimm! Du zitterst jetzt
Vor dieser lebenden Maria. Nicht
Die Lebende hast du zu fürchten. Zittre vor
Der Toten, der Enthaupteten. Sie wird
Vom Grab erstehen, eine Zwietrachtsgöttin,
Ein Rachegeist in deinem Reich herumgehn,
Und deines Volkes Herzen von dir wenden.
Jetzt *hasst* der Brite die Gefürchtete,
Er wird sie *rächen*, wenn sie nicht mehr ist.
Nicht mehr die Feindin seines Glaubens, nur
Die Enkeltochter seiner Könige,
Des Hasses Opfer und der Eifersucht
Wird er in der Bejammerten erblicken!
Schnell wirst du die Veränderung erfahren.
Durchziehe London, wenn die blut'ge Tat
Geschehen, zeige dich dem Volk, das sonst
Sich jubelnd um dich her ergoss, du wirst
Ein andres England sehn, ein andres Volk,
Denn dich umgibt nicht mehr die herrliche
Gerechtigkeit, die alle Herzen dir
Besiegte! *Furcht*, die schreckliche Begleitung
Der Tyrannei, wird schaudernd vor dir herziehn
Und jede Straße, wo du gehst, veröden.
Du hast das Letzte, Äußerste getan,
Welch Haupt steht fest, wenn dieses heil'ge fiel!

ELISABETH. Ach Shrewsbury! Ihr habt mir heut das Leben
Gerettet, habt des Mörders Dolch von mir
Gewendet – Warum ließet Ihr ihm nicht
Den Lauf? So wäre jeder Streit geendigt,
Und alles Zweifels ledig, rein von Schuld,
Läg ich in meiner stillen Gruft! Fürwahr!
Ich bin des Lebens und des Herrschens müd.
Muss eine von uns Königinnen fallen,

Damit die andre lebe – und es ist
Nicht anders, das erkenn ich – kann denn ich
Nicht die sein, welche weicht? Mein Volk mag wählen,
Ich geb ihm seine Majestät zurück.
Gott ist mein Zeuge, dass ich nicht für mich,
Nur für das Beste meines Volks gelebt.
Hofft es von dieser schmeichlerischen Stuart,
Der jüngern Königin, glücklichere Tage,
So steig ich gern von diesem Thron und kehre
In Woodstocks stille Einsamkeit zurück,
Wo meine anspruchslose Jugend lebte,
Wo ich, vom Tand der Erdengröße fern,
Die Hoheit in mir selber fand – Bin ich
Zur Herrscherin doch nicht gemacht! Der Herrscher
Muss hart sein können, und mein Herz ist weich.
Ich habe diese Insel lange glücklich
Regiert, weil ich nur brauchte zu beglücken.
Es kommt die erste schwere Königspflicht,
Und ich empfinde meine Ohnmacht –

BURLEIGH. Nun bei Gott!
Wenn ich so ganz unkönigliche Worte
Aus meiner Königin Mund vernehmen muss,
So wär's Verrat an meiner Pflicht, Verrat
Am Vaterlande, länger stillzuschweigen.
– Du sagst, du liebst dein Volk mehr als dich selbst,
Das zeige jetzt! Erwähle nicht den Frieden
Für dich und überlass das Reich den Stürmen.
– Denk an die Kirche! Soll mit dieser Stuart
Der alte Aberglaube wiederkehren?
Der Mönch aufs Neu hier herrschen, der Legat →
Aus Rom gezogen kommen, unsre Kirchen
Verschließen, unsre Könige entthronen?
– Die Seelen aller deiner Untertanen,
Ich fodre sie von dir – Wie du jetzt handelst,
Sind sie gerettet oder sind verloren.
Hier ist nicht Zeit zu weichlichem Erbarmen,
Des Volkes Wohlfahrt ist die höchste Pflicht;
Hat Shrewsbury das Leben dir gerettet,
So will ich England retten – das ist mehr!

ELISABETH.
Man überlasse mich mir selbst! Bei Menschen ist
Nicht Rat noch Trost in dieser großen Sache.
Ich trage sie dem höhern Richter vor.

Was der mich lehrt, das will ich tun – Entfernt euch,
Mylords!
(Zu Davison) Ihr, Sir! könnt in der Nähe bleiben!
(Die Lords gehen ab. Shrewsbury allein bleibt noch einige Augenblicke vor der Königin stehen, mit bedeutungsvollem Blick, dann entfernt er sich langsam, mit einem Ausdruck des tiefsten Schmerzes)

ZEHNTER AUFTRITT

ELISABETH *(allein).*
O Sklaverei des Volksdiensts! Schmähliche
Knechtschaft – Wie bin ich's müde, diesem Götzen
Zu schmeicheln, den mein Innerstes verachtet!
Wann soll ich frei auf diesem Throne stehn!
Die Meinung muss ich ehren, um das Lob
Der Menge buhlen, einem Pöbel muss ich's
Recht machen, dem der Gaukler nur gefällt.
O der ist noch nicht König, der der Welt
Gefallen muss! Nur der ist's, der bei seinem Tun
Nach keines Menschen Beifall braucht zu fragen.
Warum hab ich Gerechtigkeit geübt,
Willkür gehasst mein Leben lang, dass ich
Für diese erste unvermeidliche
Gewalttat selbst die Hände mir gefesselt!
Das Muster, das ich selber gab, verdammt mich!
War ich tyrannisch, wie die spanische
Maria war, mein Vorfahr auf dem Thron, ich könnte
Jetzt ohne Tadel Königsblut verspritzen!
Doch war's denn meine eigne freie Wahl,
Gerecht zu sein? Die allgewaltige
Notwendigkeit, die auch das freie Wollen
Der Könige zwingt, gebot mir diese Tugend.
Umgeben rings von Feinden, hält mich nur
Die Volksgunst auf dem angefochtnen Thron.
Mich zu vernichten streben alle Mächte
Des festen Landes. Unversöhnlich schleudert
Der röm'sche Papst den Bannfluch auf mein Haupt.
Mit falschem Bruderkuss verrät mich Frankreich,
Und offnen, wütenden Vertilgungskrieg
Bereitet mir der Spanier auf den Meeren.
So steh ich kämpfend gegen eine Welt,

spanische Maria
vgl. Anm. zu V. 102

Ein wehrlos Weib! Mit hohen Tugenden
Muss ich die Blöße meines Rechts bedecken,
Den Flecken meiner fürstlichen Geburt,
Wodurch der eigne Vater mich geschändet.
Umsonst bedeck ich ihn – Der Gegner Hass
Hat ihn entblößt und stellt mir diese Stuart,
Ein ewig drohendes Gespenst, entgegen.
Nein, diese Furcht soll endigen!
Ihr Haupt soll fallen. Ich will Frieden haben!
– Sie ist die Furie meines Lebens! Mir
Ein Plagegeist vom Schicksal angeheftet.
Wo ich mir eine Freude, eine Hoffnung
Gepflanzt, da liegt die Höllenschlange mir
Im Wege. Sie entreißt mir den Geliebten,
Den Bräut'gam raubt sie mir! Maria Stuart
Heißt jedes Unglück, das mich niederschlägt!
Ist sie aus den Lebendigen vertilgt,
Frei bin ich, wie die Luft auf den Gebirgen. *(Stillschweigen)*
Mit welchem Hohn sie auf mich niedersah,
Als sollte mich der Blick zu Boden blitzen!
Ohnmächtige! Ich führe bessre Waffen,
Sie treffen tödlich, und du bist nicht mehr! *(Mit raschem Schritt nach dem Tische gehend und die Feder ergreifend)*
Ein Bastard bin ich dir? – Unglückliche!
Ich bin es nur, solang du lebst und atmest.
Der Zweifel meiner fürstlichen Geburt,
Er ist getilgt, sobald ich dich vertilge.
Sobald dem Briten keine Wahl mehr bleibt,
Bin ich im echten Ehebett geboren! *(Sie unterschreibt mit einem raschen, festen Federzug, lässt dann die Feder fallen und tritt mit einem Ausdruck des Schreckens zurück. Nach einer Pause klingelt sie)*

} kurze Hauptsätze
→ Vergleich
→ Metapher
→ Aufzählung
→ hysterisch
↳ steigert sich sehr hinein
→ als sie sich entscheidet eher ruhig

Furie *(lateinisch)* römische Rachegottheit

ELFTER AUFTRITT

Elisabeth. Davison.

ELISABETH. Wo sind die andern Lords?
DAVISON. Sie sind gegangen,
Das aufgebrachte Volk zur Ruh zu bringen.
Das Toben war auch augenblicks gestillt,
Sobald der Graf von Shrewsbury sich zeigte.

„Der ist's, das ist er!", riefen hundert Stimmen,
„Der rettete die Königin! Hört ihn!
Den bravsten Mann in England." Nun begann
Der edle Talbot und verwies dem Volk
In sanften Worten sein gewaltsames
Beginnen, sprach so kraftvoll überzeugend,
Dass alles sich besänftigte und still
Vom Platze schlich.

ELISABETH. Die wankelmüt'ge Menge,
Die jeder Wind herumtreibt! Wehe dem,
Der auf dies Rohr sich lehnet! – Es ist gut,
Sir Davison. Ihr könnt nun wieder gehn.
(Wie sich jener nach der Tür gewendet)
Und dieses Blatt – Nehmt es zurück – Ich leg's
In Eure Hände.

DAVISON *(wirft einen Blick in das Papier und erschrickt).*
Königin! Dein Name!
Du hast entschieden?

ELISABETH – Unterschreiben sollt' ich.
Ich hab's getan. Ein Blatt Papier entscheidet
Noch nicht, ein Name tötet nicht.

DAVISON. Dein Name, Königin, unter dieser Schrift
Entscheidet alles, tötet, ist ein Strahl
Des Donners, der geflügelt trifft – Dies Blatt
Befiehlt den Kommissarien, dem Sheriff,
Nach Fotheringhayschloss sich stehnden Fußes
Zur Königin von Schottland zu verfügen,
Den Tod ihr anzukündigen, und schnell,
Sobald der Morgen tagt, ihn zu vollziehn.
Hier ist kein Aufschub, jene hat gelebt,
Wenn ich dies Blatt aus meinen Händen gebe.

ELISABETH. Ja, Sir! Gott legt ein wichtig groß Geschick
In Eure schwachen Hände. Fleht ihn an,
Dass er mit seiner Weisheit Euch erleuchte.
Ich geh und überlass Euch Eurer Pflicht. *(Sie will gehen)*

DAVISON *(tritt ihr in den Weg).*
Nein, meine Königin! Verlass mich nicht,
Eh du mir deinen Willen kundgetan.
Bedarf es hier noch einer andern Weisheit,
Als dein Gebot buchstäblich zu befolgen?
– Du legst dies Blatt in meine Hand, dass ich
Zu schleuniger Vollziehung es befördre?

ELISABETH. Das werdet Ihr nach Eurer Klugheit –

DAVISON *(schnell und erschrocken einfallend).* Nicht
Nach meiner! Das verhüte Gott! Gehorsam
Ist meine ganze Klugheit. Deinem Diener
Darf hier nichts zu entscheiden übrig bleiben.
Ein klein Versehn wär hier ein Königsmord,
Ein unabsehbar, ungeheures Unglück.
Vergönne mir, in dieser großen Sache
Dein blindes Werkzeug willenlos zu sein.
In klare Worte fasse deine Meinung,
Was soll mit diesem Blutbefehl geschehn?
ELISABETH. – Sein Name spricht es aus.
DAVISON. So willst du, dass er gleich vollzogen werde?
ELISABETH *(zögernd).*
Das sag ich nicht, und zittre, es zu denken.
DAVISON. Du willst, dass ich ihn länger noch bewahre?
ELISABETH *(schnell).*
Auf Eure Gefahr! Ihr haftet für die Folgen.
DAVISON.
Ich? Heil'ger Gott! – Sprich, Königin! Was willst du?
ELISABETH *(ungeduldig).*
Ich will, dass dieser unglücksel'gen Sache
Nicht mehr gedacht soll werden, dass ich endlich
Will Ruhe davor haben und auf ewig.
DAVISON. Es kostet dich ein einzig Wort. O sage,
Bestimme, was mit dieser Schrift soll werden!
ELISABETH.
Ich hab's gesagt, und quält mich nun nicht weiter.
DAVISON. Du hättest es gesagt? Du hast mir nichts
Gesagt – Oh, es gefalle meiner Königin,
Sich zu erinnern.
ELISABETH *(stampft auf den Boden).*
Unerträglich!
DAVISON. Habe Nachsicht
Mit mir! Ich kam seit wenig Monden erst
In dieses Amt! Ich kenne nicht die Sprache
Der Höfe und der Könige – in schlicht
Einfacher Sitte bin ich aufgewachsen.
Drum habe du Geduld mit deinem Knecht!
Lass dich das Wort nicht reun, das mich belehrt,
Mich klar macht über meine Pflicht – *(Er nähert sich ihr in flehender Stellung, sie kehrt ihm den Rücken zu, er steht in Verzweiflung, dann spricht er mit entschlossnem Ton)*
Nimm dies Papier zurück! Nimm es zurück!

Es wird mir glühend Feuer in den Händen.
Nicht mich erwähle, dir in diesem furchtbaren
Geschäft zu dienen.
ELISABETH. Tut, was Eures Amtes ist. *(Sie geht ab)*

ZWÖLFTER AUFTRITT

Davison, gleich darauf Burleigh.

DAVISON. Sie geht! Sie lässt mich ratlos, zweifelnd stehn
Mit diesem fürchterlichen Blatt – Was tu ich?
Soll ich's bewahren? Soll ich's übergeben?
(Zu Burleigh, der hereintritt)
O gut! gut, dass Ihr kommt, Mylord! Ihr seid's,
Der mich in dieses Staatsamt eingeführt!
Befreiet mich davon. Ich übernahm es,
Unkundig seiner Rechenschaft! Lasst mich
Zurückgehn in die Dunkelheit, wo Ihr
Mich fandet, ich gehöre nicht auf diesen Platz –
BURLEIGH. Was ist Euch, Sir? Fasst Euch. Wo ist das Urteil?
Die Königin ließ Euch rufen.
DAVISON. Sie verließ mich
In heft'gem Zorn. O ratet mir! Helft mir!
Reißt mich aus dieser Höllenangst des Zweifels.
Hier ist das Urteil – Es ist unterschrieben.
BURLEIGH *(hastig)*. Ist es? O gebt! Gebt her!
DAVISON. Ich darf nicht.
BURLEIGH. Was?
DAVISON. Sie hat mir ihren Willen noch nicht deutlich –
BURLEIGH. Nicht deutlich! Sie hat unterschrieben. Gebt!
DAVISON. Ich soll's vollziehen lassen – soll es nicht
Vollziehen lassen – Gott! Weiß ich, was ich soll?
BURLEIGH *(heftiger dringend)*.
Gleich, augenblicks sollt Ihr's vollziehen lassen.
Gebt her! Ihr seid verloren, wenn Ihr säumt.
DAVISON. Ich bin verloren, wenn ich's übereile.
BURLEIGH. Ihr seid ein Tor, Ihr seid von Sinnen! Gebt!
(Er entreißt ihm die Schrift und eilt damit ab)
DAVISON *(ihm nacheilend)*.
Was macht Ihr? Bleibt! Ihr stürzt mich ins Verderben.

FÜNFTER AUFZUG

Die Szene ist das Zimmer des ersten Aufzugs

ERSTER AUFTRITT

Hanna Kennedy in tiefe Trauer gekleidet, mit verweinten Augen und einem großen, aber stillen Schmerz, ist beschäftigt, Pakete und Briefe zu versiegeln. Oft unterbricht sie der Jammer in ihrem Geschäft, und man sieht sie dazwischen still beten. Paulet und Drury, gleichfalls in schwarzen Kleidern, treten ein, ihnen folgen viele Bediente, welche goldne und silberne Gefäße, Spiegel, Gemälde und andere Kostbarkeiten tragen und den Hintergrund des Zimmers damit anfüllen. Paulet überliefert der Amme ein Schmuckkästchen nebst einem Papier und bedeutet ihr durch Zeichen, dass es ein Verzeichnis der gebrachten Dinge enthalte. Beim Anblick dieser Reichtümer erneuert sich der Schmerz der Amme, sie versinkt in ein tiefes Trauern, indem jene sich still wieder entfernen.

Melvil tritt ein.

KENNEDY *(schreit auf, sobald sie ihn gewahr wird).*
Melvil! Ihr seid es! Euch erblick ich wieder!
MELVIL. Ja, treue Kennedy, wir sehn uns wieder!
KENNEDY. Nach langer, langer, schmerzenvoller Trennung!
MELVIL. Ein unglückselig schmerzvoll Wiedersehn!
KENNEDY. O Gott! Ihr kommt –
MELVIL. Den letzten, ewigen
Abschied von meiner Königin zu nehmen.
KENNEDY. Jetzt endlich, jetzt am Morgen ihres Todes,
Wird ihr die lang entbehrte Gegenwart
Der Ihrigen vergönnt – O teurer Sir,
Ich will nicht fragen, wie es Euch erging,
Euch nicht die Leiden nennen, die wir litten,
Seitdem man Euch von unsrer Seite riss,
Ach, dazu wird wohl einst die Stunde kommen!
O Melvil! Melvil! Mussten wir's erleben,
Den Anbruch dieses Tags zu sehn!
MELVIL. Lasst uns
Einander nicht erweichen! Weinen will ich,
Solang noch Leben in mir ist, nie soll
Ein Lächeln diese Wangen mehr erheitern,
Nie will ich dieses nächtliche Gewand

Mehr von mir legen! Ewig will ich trauern,
Doch heute will ich standhaft sein – Versprecht
Auch Ihr mir, Euren Schmerz zu mäßigen –
Und wenn die andern alle der Verzweiflung
Sich trostlos überlassen, lasset uns
Mit männlich edler Fassung ihr vorangehn
Und ihr ein Stab sein auf dem Todesweg!
KENNEDY. Melvil! Ihr seid im Irrtum, wenn Ihr glaubt,
Die Königin bedürfe unsers Beistands,
Um standhaft in den Tod zu gehn! Sie selber ist's,
Die uns das Beispiel edler Fassung gibt.
Seid ohne Furcht! Maria Stuart wird
Als eine Königin und Heldin sterben.
MELVIL. Nahm sie die Todespost mit Fassung auf?
Man sagt, dass sie nicht vorbereitet war.
KENNEDY. Das war sie nicht. Ganz andre Schrecken waren's,
Die meine Lady ängstigten. Nicht vor dem Tod,
Vor dem Befreier zitterte Maria.
– Freiheit war uns verheißen. Diese Nacht
Versprach uns Mortimer von hier wegzuführen,
Und zwischen Furcht und Hoffnung, zweifelhaft,
Ob sie dem kecken Jüngling ihre Ehre
Und fürstliche Person vertrauen dürfe,
Erwartete die Königin den Morgen.
– Da wird ein Auflauf in dem Schloss, ein Pochen
Schreckt unser Ohr und vieler Hämmer Schlag,
Wir glauben, die Befreier zu vernehmen,
Die Hoffnung winkt, der süße Trieb des Lebens
Wacht unwillkürlich, allgewaltig auf –
Da öffnet sich die Tür – Sir Paulet ist's,
Der uns verkündet – dass – die Zimmerer
Zu unsern Füßen das Gerüst aufschlagen!
(Sie wendet sich ab, von heftigem Schmerz ergriffen)
MELVIL. Gerechter Gott! O sagt mir! Wie ertrug
Maria diesen fürchterlichen Wechsel?
KENNEDY
(nach einer Pause, worin sie sich wieder etwas gefasst hat).
Man löst sich nicht allmählich von dem Leben!
Mit einem Mal, schnell, augenblicklich muss
Der Tausch geschehen zwischen Zeitlichem
Und Ewigem, und Gott gewährte meiner Lady
In diesem Augenblick, der Erde Hoffnung
Zurückzustoßen mit entschlossner Seele

Und glaubenvoll den Himmel zu ergreifen.
Kein Merkmal bleicher Furcht, kein Wort der Klage
Entehrte meine Königin – Dann erst,
Als sie Lord Leicesters schändlichen Verrat
Vernahm, das unglückselige Geschick
Des werten Jünglings, der sich ihr geopfert,
Des alten Ritters tiefen Jammer sah,
Dem seine letzte Hoffnung starb durch sie,
Da flossen ihre Tränen, nicht das eigne Schicksal,
Der fremde Jammer presste sie ihr ab.
MELVIL. Wo ist sie jetzt? Könnt Ihr mich zu ihr bringen?
KENNEDY. Den Rest der Nacht durchwachte sie mit Beten,
Nahm von den teuern Freunden schriftlich Abschied
Und schrieb ihr Testament mit eigner Hand.
Jetzt pflegt sie einen Augenblick der Ruh,
Der letzte Schlaf erquickt sie.
MELVIL. Wer ist bei ihr?
KENNEDY. Ihr Leibarzt Burgoyn und ihre Frauen.

ZWEITER AUFTRITT

Margareta Kurl zu den Vorigen.

KENNEDY. Was bringt Ihr, Mistress? Ist die Lady wach?
KURL *(ihre Tränen trocknend).* Schon angekleidet – Sie verlangt nach Euch.
KENNEDY. Ich komme. *(Zu Melvil, der sie begleiten will)*
Folgt mir nicht, bis ich die Lady
Auf Euren Anblick vorbereitet. *(Geht hinein)*
KURL. Melvil!
Der alte Haushofmeister!
MELVIL. Ja, der bin ich!
KURL. O dieses Haus braucht keines Meisters mehr! – Melvil! Ihr kommt von London, wisst Ihr mir
Von meinem Manne nichts zu sagen?
MELVIL. Er wird auf freien Fuß gesetzt, sagt man,
Sobald –
KURL. Sobald die Königin nicht mehr ist!
O der nichtswürdig schändliche Verräter!
Er ist der Mörder dieser teuren Lady,
Sein Zeugnis, sagt man, habe sie verurteilt.
MELVIL. So ist's.

KURL. O seine Seele sei verflucht
Bis in die Hölle! Er hat falsch gezeugt –
MELVIL. Mylady Kurl! Bedenket Eure Reden.
KURL. Beschwören will ich's vor Gerichtes Schranken,
Ich will es ihm ins Antlitz wiederholen,
Die ganze Welt will ich damit erfüllen.
Sie stirbt unschuldig –
MELVIL. O das gebe Gott!

DRITTER AUFTRITT

Burgoyn zu den Vorigen.
Hernach Hanna Kennedy.

BURGOYN *(erblickt Melvil).* O Melvil!
MELVIL *(ihn umarmend).* Burgoyn!
BURGOYN *(zu Margareta Kurl).* Besorget einen Becher
Mit Wein für unsre Lady. Machet hurtig. *(Kurl geht ab)*
MELVIL. Wie? Ist der Königin nicht wohl?
BURGOYN. Sie fühlt sich stark, sie täuscht ihr Heldenmut,
Und keiner Speise glaubt sie zu bedürfen,
Doch ihrer wartet noch ein schwerer Kampf,
Und ihre Feinde sollen sich nicht rühmen,
Dass Furcht des Todes ihre Wangen bleichte,
Wenn die Natur aus Schwachheit unterliegt.
MELVIL *(zur Amme, die hereintritt).*
Will sie mich sehn?
KENNEDY. Gleich wird sie selbst hier sein.
– Ihr scheint Euch mit Verwundrung umzusehn,
Und Eure Blicke fragen mich: Was soll
Das Prachtgerät in diesem Ort des Todes?
– O Sir! Wir litten Mangel, da wir lebten,
Erst mit dem Tode kommt der Überfluss zurück.

VIERTER AUFTRITT

Vorige. Zwei andre Kammerfrauen der Maria, gleichfalls in Trauerkleidern. Sie brechen bei Melvils Anblick in laute Tränen aus.

MELVIL. Was für ein Anblick! Welch ein Wiedersehn!
Gertrude! Rosamund!
ZWEITE KAMMERFRAU. Sie hat uns von sich
Geschickt! Sie will zum letzten Mal allein
Mit Gott sich unterhalten!
(Es kommen noch zwei weibliche Bediente, wie die Vorigen in Trauer, die mit stummen Gebärden ihren Jammer ausdrücken)

FÜNFTER AUFTRITT

Margareta Kurl zu den Vorigen. Sie trägt einen goldnen Becher mit Wein und setzt ihn auf den Tisch, indem sie sich bleich und zitternd an einen Stuhl hält.

MELVIL. Was ist Euch, Mistress? Was entsetzt Euch so?
KURL. O Gott!
BURGOYN. Was habt Ihr?
KURL. Was musst' ich erblicken!
MELVIL. Kommt zu Euch! Sagt uns, was es ist.
KURL. Als ich
Mit diesem Becher Wein die große Treppe
Heraufstieg, die zur untern Halle führt,
Da tat die Tür sich auf – ich sah hinein –
Ich sah – o Gott!
MELVIL. Was saht Ihr? Fasset Euch!
KURL. Schwarz überzogen waren alle Wände,
Ein groß Gerüst, mit schwarzem Tuch beschlagen,
Erhob sich von dem Boden, mittendrauf
Ein schwarzer Block, ein Kissen und daneben
Ein blank geschliffnes Beil – Voll Menschen war
Der Saal, die um das Mordgerüst sich drängten,
Und, heiße Blutgier in dem Blick, das Opfer
Erwarteten.
DIE KAMMERFRAUEN. O Gott sei unsrer Lady gnädig!
MELVIL. Fasst Euch! Sie kommt!

SECHSTER AUFTRITT

Die Vorigen. Maria. Sie ist weiß und festlich gekleidet, am Halse trägt sie an einer Kette von kleinen Kugeln ein Agnus Dei, ein Rosenkranz hängt am Gürtel herab, sie hat ein Kruzifix in der Hand und ein Diadem in den Haaren, ihr großer schwarzer Schleier ist zurückgeschlagen. Bei ihrem Eintritt weichen die Anwesenden zu beiden Seiten zurück und drücken den heftigsten Schmerz aus. Melvil ist mit einer unwillkürlichen Bewegung auf die Knie gesunken.

MARIA *(mit ruhiger Hoheit im ganzen Kreise herumsehend).*
Was klagt ihr? Warum weint ihr? Freuen solltet
Ihr euch mit mir, dass meiner Leiden Ziel
Nun endlich naht, dass meine Bande fallen,
Mein Kerker aufgeht und die frohe Seele sich
Auf Engelsflügeln schwingt zur ew'gen Freiheit.
Da, als ich in die Macht der stolzen Feindin
Gegeben war, Unwürdiges erduldend,
Was einer freien großen Königin
Nicht ziemt, da war es Zeit, um mich zu weinen!
– Wohltätig, heilend, nahet mir der Tod,
Der ernste Freund! Mit seinen schwarzen Flügeln
Bedeckt er meine Schmach – den Menschen adelt,
Den tiefst gesunkenen, das letzte Schicksal.
Die Krone fühl ich wieder auf dem Haupt,
Den würd'gen Stolz in meiner edeln Seele!
(Indem sie einige Schritte weiter vortritt)
Wie? Melvil hier? – Nicht also, edler Sir!
Steht auf! Ihr seid zu Eurer Königin
Triumph, zu ihrem Tode nicht gekommen.
Mir wird ein Glück zuteil, wie ich es nimmer
Gehoffet, dass mein Nachruhm doch nicht ganz
In meiner Feinde Händen ist, dass doch
Ein Freund mir, ein Bekenner meines Glaubens,
Als Zeuge dasteht in der Todesstunde.
– Sagt, edler Ritter! Wie erging es Euch
In diesem feindlichen, unholden Lande,
Seitdem man Euch von meiner Seite riss?
Die Sorg um Euch hat oft mein Herz bekümmert.
MELVIL. Mich drückte sonst kein Mangel, als der Schmerz
Um dich, um meine Ohnmacht, dir zu dienen!
MARIA. Wie steht's um Didier, meinen alten Kämmrer?

Doch der Getreue schläft wohl lange schon
Den ew'gen Schlaf, denn er war hoch an Jahren.
MELVIL. Gott hat ihm diese Gnade nicht erzeigt,
Er lebt, um deine Jugend zu begraben.
MARIA. Dass mir vor meinem Tode noch das Glück
Geworden wäre, ein geliebtes Haupt
Der teuern Blutsverwandten zu umfassen!
Doch ich soll sterben unter Fremdlingen,
Nur eure Tränen soll ich fließen sehn!
– Melvil, die letzten Wünsche für die Meinen
Leg ich in Eure treue Brust – Ich segne
Den allerchristlichsten König, meinen Schwager,
Und Frankreichs ganzes königliches Haus –
Ich segne meinen Öhm, den Kardinal,
Und Heinrich Guise, meinen edlen Vetter.
Ich segne auch den Papst, den heiligen
Statthalter Christi, der mich wieder segnet,
Und den kathol'schen König, der sich edelmütig
Zu meinem Retter, meinem Rächer anbot –
Sie alle stehn in meinem Testament,
Sie werden die Geschenke meiner Liebe,
Wie arm sie sind, darum gering nicht achten.
(Sich zu ihren Dienern wendend)
Euch hab ich meinem königlichen Bruder
Von Frankreich anempfohlen, er wird sorgen
Für euch, ein neues Vaterland euch geben.
Und ist euch meine letzte Bitte wert,
Bleibt nicht in England, dass der Brite nicht
Sein stolzes Herz an eurem Unglück weide,
Nicht d i e im Staube seh, die m i r gedient.
Bei diesem Bildnis des Gekreuzigten
Gelobet mir, dies unglücksel'ge Land
Alsbald, wenn ich dahin bin, zu verlassen!
MELVIL *(berührt das Kruzifix)*.
Ich schwöre dir's, im Namen dieser aller.
MARIA. Was ich, die Arme, die Beraubte, noch besaß,
Worüber mir vergönnt ist frei zu schalten,
Das hab ich unter euch verteilt, man wird,
Ich hoff es, meinen letzten Willen ehren.
Auch was ich auf dem Todeswege trage,
Gehöret euch – Vergönnet mir noch einmal
Der Erde Glanz auf meinem Weg zum Himmel!
(Zu den Fräulein)

kathol'scher König Philipp II.

Dir, meine Alix, Gertrud, Rosamund,
Bestimm ich meine Perlen, meine Kleider,
Denn eure Jugend freut sich noch des Putzes.
Du, Margareta, hast das nächste Recht
An meine Großmut, denn ich lasse dich
Zurück als die Unglücklichste von allen.
Dass ich des Gatten Schuld an dir nicht räche,
Wird mein Vermächtnis offenbaren – Dich,
O meine treue Hanna, reizet nicht
Der Wert des Goldes, nicht der Steine Pracht,
Dir ist das höchste Kleinod mein Gedächtnis.
Nimm dieses Tuch! Ich hab's mit eigner Hand
Für dich gestickt in meines Kummers Stunden
Und meine heißen Tränen eingewoben.
Mit diesem Tuch wirst du die Augen mir verbinden,
Wenn es so weit ist – diesen letzten Dienst
Wünsch ich von meiner Hanna zu empfangen.

KENNEDY. O Melvil! Ich ertrag es nicht!

MARIA. Kommt alle!
Kommt und empfangt mein letztes Lebewohl.
(Sie reicht ihre Hände hin, eins nach dem andern fällt ihr zu Füßen und küsst die dargebotene Hand unter heftigem Weinen)
Leb wohl, Margreta – Alix, lebe wohl –
Dank, Burgoyn, für Eure treuen Dienste –
Dein Mund brennt heiß, Gertrude – Ich bin viel
Gehasset worden, doch auch viel geliebt!
Ein edler Mann beglücke meine Gertrud,
Denn Liebe fodert dieses glühnde Herz –
Berta! Du hast das bessre Teil erwählt,
Die keusche Braut des Himmels willst du werden!
O eile, dein Gelübde zu vollziehn!
Betrüglich sind die Güter dieser Erden,
Das lern an deiner Königin! – Nichts weiter!
Lebt wohl! Lebt wohl! Lebt ewig wohl!
(Sie wendet sich schnell von ihnen, alle bis auf Melvil entfernen sich)

SIEBENTER AUFTRITT

Maria. Melvil.

MARIA. Ich habe alles Zeitliche berichtigt
Und hoffe keines Menschen Schuldnerin
Aus dieser Welt zu scheiden – Eins nur ist's,
Melvil, was der beklemmten Seele noch
Verwehrt, sich frei und freudig zu erheben.
MELVIL. Entdecke mir's. Erleichtre deine Brust,
Dem treuen Freund vertraue deine Sorgen.
MARIA. Ich stehe an dem Rand der Ewigkeit,
Bald soll ich treten vor den höchsten Richter,
Und noch hab ich den Heil'gen nicht versöhnt.
Versagt ist mir der Priester meiner Kirche.
Des Sakramentes heil'ge Himmelsspeise
Verschmäh ich aus den Händen falscher Priester.
Im Glauben meiner Kirche will ich sterben,
Denn der allein ist's, welcher selig macht.
MELVIL. Beruhige dein Herz. Dem Himmel gilt
Der feurig fromme Wunsch statt des Vollbringens.
Tyrannenmacht kann nur die Hände fesseln,
Des Herzens Andacht hebt sich frei zu Gott,
Das Wort ist tot, der Glaube macht lebendig.
MARIA. Ach Melvil! Nicht allein genug ist sich
Das Herz, ein irdisch Pfand bedarf der Glaube,
Das hohe Himmlische sich zuzueignen.
Drum ward der Gott zum Menschen und verschloss
Die unsichtbaren himmlischen Geschenke
Geheimnisvoll in einem sichtbarn Leib.
– Die Kirche ist's, die heilige, die hohe,
Die zu dem Himmel uns die Leiter baut,
Die allgemeine, die kathol'sche heißt sie,
Denn nur der Glaube aller stärkt den Glauben,
Wo Tausende anbeten und verehren,
Da wird die Glut zur Flamme, und beflügelt
Schwingt sich der Geist in alle Himmel auf.
– Ach die Beglückten, die das froh geteilte
Gebet versammelt in dem Haus des Herrn!
Geschmückt ist der Altar, die Kerzen leuchten,
Die Glocke tönt, der Weihrauch ist gestreut,
Der Bischof steht im reinen Messgewand,
Er fasst den Kelch, er segnet ihn, er kündet

Das hohe Wunder der Verwandlung an,
Und niederstürzt dem gegenwärt'gen Gotte
Das gläubig überzeugte Volk – Ach! Ich
Allein bin ausgeschlossen, nicht zu mir
In meinen Kerker dringt der Himmelssegen.
MELVIL. Er dringt zu dir! Er ist dir nah! Vertraue
Dem Allvermögenden – der dürre Stab
Kann Zweige treiben in des Glaubens Hand!
Und der die Quelle aus dem Felsen schlug,
Kann dir im Kerker den Altar bereiten,
Kann diesen Kelch, die irdische Erquickung,
Dir schnell in eine himmlische verwandeln.
(Er ergreift den Kelch, der auf dem Tische steht)
MARIA. Melvil! Versteh ich Euch? Ja! Ich versteh Euch!
Hier ist kein Priester, keine Kirche, kein
Hochwürdiges – Doch der Erlöser spricht:
„Wo zwei versammelt sind in meinem Namen,
Da bin ich gegenwärtig unter ihnen."
Was weiht den Priester ein zum Mund des Herrn?
Das reine Herz, der unbefleckte Wandel.
– So seid Ihr mir, auch ungeweiht, ein Priester,
Ein Bote Gottes, der mir Frieden bringt.
– Euch will ich meine letzte Beichte tun,
Und Euer Mund soll mir das Heil verkünden.
MELVIL. Wenn dich das Herz so mächtig dazu treibt,
So wisse, Königin, dass dir zum Troste
Gott auch ein Wunder wohl verrichten kann.
Hier sei kein Priester, sagst du, keine Kirche,
Kein Leib des Herrn? – Du irrest dich. Hier ist
Ein Priester, und ein Gott ist hier zugegen.
(Er entblößt bei diesen Worten das Haupt, zugleich zeigt er ihr eine Hostie in einer goldnen Schale)
– Ich bin ein Priester, deine letzte Beichte
Zu hören, dir auf deinem Todesweg
Den Frieden zu verkündigen, hab ich
Die sieben Weihn auf meinem Haupt empfangen,
Und diese Hostie überbring ich dir
Vom heil'gen Vater, die er selbst geweihet.
MARIA. O so muss an der Schwelle selbst des Todes
Mir noch ein himmlisch Glück bereitet sein!
Wie ein Unsterblicher auf goldnen Wolken
Herniederfährt, wie den Apostel einst
Der Engel führte aus des Kerkers Banden,

sieben Weihen
die Priesterweihen

←

Ihn hält kein Riegel, keines Hüters Schwert,
Er schreitet mächtig durch verschlossne Pforten,
Und im Gefängnis steht er glänzend da,
So überrascht mich hier der Himmelsbote,
Da jeder ird'sche Retter mich getäuscht!
– Und Ihr, m e i n Diener einst, seid jetzt der Diener
Des höchsten Gottes, und sein heil'ger Mund!
Wie Eure Kniee sonst vor mir sich beugten,
So lieg ich jetzt im Staub vor Euch.
(Sie sinkt vor ihm nieder)

MELVIL *(indem er das Zeichen des Kreuzes über sie macht).*
Im Namen
Des Vaters und des Sohnes und des Geistes!
Maria, Königin! Hast du dein Herz
Erforschet, schwörst du und gelobest du,
Wahrheit zu beichten vor dem Gott der Wahrheit?

MARIA. Mein Herz liegt offen da vor dir und ihm.

MELVIL. Sprich, welcher Sünde zeiht dich dein Gewissen,
Seitdem du Gott zum letzten Mal versöhnt?

MARIA. Von neid'schem Hasse war mein Herz erfüllt,
Und Rachgedanken tobten in dem Busen.
Vergebung hofft' ich Sünderin vor Gott
Und konnte nicht der Gegnerin vergeben.

MELVIL. Bereuest du die Schuld, und ist's dein ernster
Entschluss, versöhnt aus dieser Welt zu scheiden?

MARIA. So wahr ich hoffe, dass mir Gott vergebe.

MELVIL. Welch andrer Sünde klagt das Herz dich an?

MARIA. Ach, nicht durch H a s s allein, durch sünd'ge L i e b e
Noch mehr hab ich das höchste Gut beleidigt.
Das eitle Herz ward zu dem Mann gezogen,
Der treulos mich verlassen und betrogen!

MELVIL. Bereuest du die Schuld, und hat dein Herz
Vom eiteln Abgott sich zu Gott gewendet?

MARIA. Es war der schwerste Kampf, den ich bestand,
Zerrissen ist das letzte ird'sche Band.

MELVIL. Welch andrer Schuld verklagt dich dein Gewissen?

MARIA. Ach, eine frühe Blutschuld, längst gebeichtet, Sie kehrt
zurück mit neuer Schreckenskraft
Im Augenblick der letzten Rechenschaft
Und wälzt sich schwarz mir vor des Himmels Pforten.
Den König, meinen Gatten, ließ ich morden,
Und dem Verführer schenkt' ich Herz und Hand!
Streng büßt' ich's ab mit allen Kirchenstrafen,

Doch in der Seele will der Wurm nicht schlafen.
MELVIL. Verklagt das Herz dich keiner andern Sünde,
Die du noch nicht gebeichtet und gebüßt?
MARIA. Jetzt weißt du alles, was mein Herz belastet.
MELVIL. Denk an die Nähe des Allwissenden!
Der Strafen denke, die die heil'ge Kirche
Der mangelhaften Beichte droht! Das ist
Die Sünde zu dem ew'gen Tod, denn das
Ist wider seinen Heil'gen Geist gefrevelt!
MARIA. So schenke mir die ew'ge Gnade Sieg
Im letzten Kampf, als ich dir wissend nichts verschwieg.
MELVIL. Wie? deinem Gott verhehlst du das Verbrechen,
Um dessentwillen dich die Menschen strafen?
Du sagst mir nichts von deinem blut'gen Anteil
An Babingtons und Parrys Hochverrat?
Den zeitlichen Tod stirbst du für diese Tat,
Willst du auch noch den ew'gen dafür sterben?
MARIA. Ich bin bereit, zur Ewigkeit zu gehn,
Noch eh sich der Minutenzeiger wendet,
Werd ich vor meines Richters Throne stehn,
Doch wiederhol ich's, meine Beichte ist vollendet.
MELVIL. Erwäg es wohl. Das Herz ist ein Betrüger.
Du hast vielleicht mit list'gem Doppelsinn
Das W o r t vermieden, das dich schuldig macht,
Obgleich der W i l l e das Verbrechen teilte.
Doch wisse, keine Gaukelkunst berückt
Das Flammenauge, das ins Innre blickt!
MARIA. Ich habe alle Fürsten aufgeboten,
Mich aus unwürd'gen Banden zu befrein,
Doch nie hab ich durch Vorsatz oder Tat
Das Leben meiner Feindin angetastet!
MELVIL. So hätten deine Schreiber falsch gezeugt?
MARIA. Wie ich gesagt, so ist's. Was jene zeugten,
Das richte Gott!
MELVIL. So steigst du, überzeugt
Von deiner Unschuld, auf das Blutgerüste?
MARIA. Gott würdigt mich, durch diesen unverdienten Tod
Die frühe schwere Blutschuld abzubüßen.
MELVIL *(macht den Segen über sie).*
So gehe hin, und sterbend büße sie!
Sink, ein ergebnes Opfer, am Altare,
Blut kann versöhnen, was das Blut verbrach,
Du fehltest nur aus weiblichem Gebrechen,

Dem sel'gen Geiste folgen nicht die Schwächen
Der Sterblichkeit in die Verklärung nach.
Ich aber künde dir, kraft der Gewalt,
Die mir verliehen ist, zu lösen und zu binden,
Erlassung an von allen deinen Sünden!
Wie du geglaubet, so geschehe dir! *(Er reicht ihr die Hostie)* →
Nimm hin den Leib, er ist für dich geopfert!
(Er ergreift den Kelch, der auf dem Tische steht, konsekriert ihn mit stillem Gebet, dann reicht er ihr denselben. Sie zögert, ihn anzunehmen, und weist ihn mit der Hand zurück)
Nimm hin das Blut, es ist für dich vergossen!
Nimm hin! Der Papst erzeigt dir diese Gunst!
Im Tode noch sollst du das höchste Recht →
Der Könige, das priesterliche, üben! *(Sie empfängt den Kelch)*
Und wie du jetzt dich in dem ird'schen Leib
Geheimnisvoll mit deinem Gott verbunden,
So wirst du dort in seinem Freudenreich,
Wo keine Schuld mehr sein wird und kein Weinen,
Ein schön verklärter Engel, dich
Auf ewig mit dem Göttlichen vereinen.
(Er setzt den Kelch nieder. Auf ein Geräusch, das gehört wird, bedeckt er sich das Haupt und geht an die Türe, Maria bleibt in stiller Andacht auf den Knien liegen)

konsekrieren *(lateinisch)* weihen

MELVIL *(zurückkommend)*.
Dir bleibt ein harter Kampf noch zu bestehn.
Fühlst du dich stark genug, um jede Regung
Der Bitterkeit, des Hasses zu besiegen?

MARIA. Ich fürchte keinen Rückfall. Meinen Hass
Und meine Liebe hab ich Gott geopfert.

MELVIL. Nun so bereite dich, die Lords von Leicester
Und Burleigh zu empfangen. Sie sind da.

ACHTER AUFTRITT

Die Vorigen, Burleigh, Leicester und Paulet. Leicester bleibt ganz in der Entfernung stehen, ohne die Augen aufzuschlagen. Burleigh, der seine Fassung beobachtet, tritt zwischen ihn und die Königin.

BURLEIGH. Ich komme, Lady Stuart, Eure letzten
Befehle zu empfangen.

MARIA. Dank, Mylord!

BURLEIGH. Es ist der Wille meiner Königin,
Dass Euch nichts Billiges verweigert werde.
MARIA. Mein Testament nennt meine letzten Wünsche.
Ich hab's in Ritter Paulets Hand gelegt
Und bitte, dass es treu vollzogen werde.
PAULET. Verlasst Euch drauf.
MARIA. Ich bitte, meine Diener ungekränkt
Nach Schottland zu entlassen oder Frankreich,
Wohin sie selber wünschen und begehren.
BURLEIGH. Es sei, wie Ihr es wünscht.
MARIA. Und weil mein Leichnam
Nicht in geweihter Erde ruhen soll,
So dulde man, dass dieser treue Diener
Mein Herz nach Frankreich bringe zu den Meinen.
– Ach! Es war immer dort!
BURLEIGH. Es soll geschehn!
Habt Ihr noch sonst –
MARIA. Der Königin von England
Bringt meinen schwesterlichen Gruß – Sagt ihr,
Dass ich ihr meinen Tod von ganzem Herzen
Vergebe, meine Heftigkeit von gestern
Ihr reuevoll abbitte – Gott erhalte sie
Und schenk ihr eine glückliche Regierung!
BURLEIGH. Sprecht! Habt Ihr noch nicht bessern Rat erwählt?
Verschmäht Ihr noch den Beistand des Dechanten?
MARIA. Ich bin mit meinem Gott versöhnt – Sir Paulet!
Ich hab Euch schuldlos vieles Weh bereitet,
Des Alters Stütze Euch geraubt – O lasst
Mich hoffen, dass Ihr meiner nicht mit Hass
Gedenket –
PAULET *(gibt ihr die Hand).*
Gott sei mit Euch! Gehet hin im Frieden!

NEUNTER AUFTRITT

Die Vorigen. Hanna Kennedy und die andern Frauen der Königin dringen herein mit Zeichen des Entsetzens, ihnen folgt der Sheriff, einen weißen Stab in der Hand, hinter demselben sieht man durch die offen bleibende Türe gewaffnete Männer.

MARIA. Was ist dir, Hanna? – Ja, nun ist es Zeit!
Hier kommt der Sheriff, uns zum Tod zu führen.

Es muss geschieden sein! Lebt wohl! Lebt wohl! *(Ihre Frauen hängen sich an sie mit heftigem Schmerz; zu Melvil)*
Ihr, werter Sir, und meine treue Hanna,
Sollt mich auf diesem letzten Gang begleiten.
Mylord versagt mir diese Wohltat nicht!
BURLEIGH. Ich habe dazu keine Vollmacht.
MARIA. Wie?
Die kleine Bitte könntet Ihr mir weigern?
Habt Achtung gegen mein Geschlecht! Wer soll
Den letzten Dienst mir leisten! Nimmermehr
Kann es der Wille meiner Schwester sein,
Dass mein Geschlecht in mir beleidigt werde,
Der Männer rohe Hände mich berühren!
BURLEIGH. Es darf kein Weib die Stufen des Gerüstes
Mit Euch besteigen – Ihr Geschrei und Jammern –
MARIA. Sie soll nicht jammern! Ich verbürge mich
Für die gefasste Seele meiner Hanna!
Seid gütig, Lord. O trennt mich nicht im Sterben
Von meiner treuen Pflegerin und Amme!
Sie trug auf ihren Armen mich ins Leben,
Sie leite mich mit sanfter Hand zum Tod.
PAULET *(zu Burleigh)*. Lasst es geschehn.
BURLEIGH. Es sei.
MARIA. Nun hab ich nichts mehr
Auf dieser Welt – *(Sie nimmt das Kruzifix und küsst es)*
Mein Heiland! Mein Erlöser!
Wie du am Kreuz die Arme ausgespannt,
So breite sie jetzt aus, mich zu empfangen.
(Sie wendet sich zu gehen, in diesem Augenblick begegnet ihr Auge dem Grafen Leicester, der bei ihrem Aufbruch unwillkürlich aufgefahren und nach ihr hingesehen. – Bei diesem Anblick zittert Maria, die Knie versagen ihr, sie ist im Begriff hinzusinken, da ergreift sie Graf Leicester und empfängt sie in seinen Armen. Sie sieht ihn eine Zeit lang ernst und schweigend an, er kann ihren Blick nicht aushalten, endlich spricht sie)
Ihr haltet Wort, Graf Leicester – Ihr verspracht
Mir Euren Arm, aus diesem Kerker mich
Zu führen, und Ihr leihet mir ihn jetzt!
(Er steht wie vernichtet. Sie fährt mit sanfter Stimme fort)
Ja, Leicester, und nicht bloß
Die Freiheit wollt' ich Eurer Hand verdanken.
Ihr solltet mir die Freiheit teuer machen,
An Eurer Hand, beglückt durch Eure Liebe,

Wollt' ich des neuen Lebens mich erfreun.
Jetzt, da ich auf dem Weg bin, von der Welt
Zu scheiden und ein sel'ger Geist zu werden,
Den keine ird'sche Neigung mehr versucht,
Jetzt, Leicester, darf ich ohne Schamerröten
Euch die besiegte Schwachheit eingestehn –
Lebt wohl, und wenn Ihr könnt, so lebt beglückt!
Ihr durftet werben um zwei Königinnen,
Ein zärtlich liebend Herz habt Ihr verschmäht,
Verraten, um ein stolzes zu gewinnen.
Kniet zu den Füßen der Elisabeth!
Mög Euer Lohn nicht Eure Strafe werden!
Lebt wohl! – Jetzt hab ich nichts mehr auf der Erden!
(Sie geht ab, der Sheriff voraus, Melvil und die Amme ihr zur Seite, Burleigh und Paulet folgen, die Übrigen sehen ihr jammernd nach, bis sie verschwunden ist, dann entfernen sie sich durch die zwei andern Türen)

ZEHNTER AUFTRITT

LEICESTER *(allein zurückbleibend).*
Ich lebe noch! Ich trag es, noch zu leben!
Stürzt dieses Dach nicht sein Gewicht auf mich!
Tut sich kein Schlund auf, das elendeste
Der Wesen zu verschlingen! Was hab ich
Verloren! Welche Perle warf ich hin!
Welch Glück der Himmel hab ich weggeschleudert!
– Sie geht dahin, ein schon verklärter Geist,
Und mir bleibt die Verzweiflung der Verdammten.
– Wo ist mein Vorsatz hin, mit dem ich kam,
Des Herzens Stimme fühllos zu ersticken?
Ihr fallend Haupt zu sehn mit unbewegten Blicken?
Weckt mir ihr Anblick die erstorbne Scham?
Muss sie im Tod mit Liebesbanden mich umstricken?
– Verworfener, dir steht es nicht mehr an, In zartem Mitleid weibisch hinzuschmelzen,
Der Liebe Glück liegt nicht auf deiner Bahn,
Mit einem eh'rnen Harnisch angetan
Sei deine Brust, die Stirne sei ein Felsen!
Willst du den Preis der Schandtat nicht verlieren,
Dreist musst du sie behaupten und vollführen!
Verstumme Mitleid, Augen, werdet Stein,

Ich seh sie fallen, ich will Zeuge sein.
(Er geht mit entschlossnem Schritt der Türe zu, durch welche Maria gegangen, bleibt aber auf der Mitte des Weges stehen)
Umsonst! Umsonst! Mich fasst der Hölle Grauen,
Ich kann, ich kann das Schreckliche nicht schauen,
Kann sie nicht sterben sehen – Horch! Was war das?
Sie sind schon unten – Unter meinen Füßen
Bereitet sich das fürchterliche Werk.
Ich höre Stimmen – Fort! Hinweg! Hinweg
Aus diesem Haus des Schreckens und des Todes!
(Er will durch eine andre Tür entfliehen, findet sie aber verschlossen und fährt zurück)
Wie? Fesselt mich ein Gott an diesen Boden?
Muss ich anhören, was mir anzuschauen graut?
Die Stimme des Dechanten – Er ermahnet sie –
– Sie unterbricht ihn – Horch! – Laut betet sie –
Mit fester Stimme – Er wird still – Ganz still!
Nur schluchzen hör ich und die Weiber weinen –
Sie wird entkleidet – Horch! Der Schemel wird
Gerückt – Sie kniet aufs Kissen – legt das Haupt –
(Nachdem er die letzten Worte mit steigender Angst gesprochen und eine Weile innegehalten, sieht man ihn plötzlich mit einer zuckenden Bewegung zusammenfahren und ohnmächtig niedersinken, zugleich erschallt von unten herauf ein dumpfes Getöse von Stimmen, welches lange forthallt)

Das zweite Zimmer des vierten Aufzugs

ELFTER AUFTRITT

ELISABETH *(tritt aus einer Seitentüre, ihr Gang und ihre Gebärden drücken die heftigste Unruhe aus).*
Noch niemand hier – Noch keine Botschaft – Will es
Nicht Abend werden? Steht die Sonne fest
In ihrem himmlischen Lauf? – Ich soll noch länger
Auf dieser Folter der Erwartung liegen.
– Ist es geschehen? Ist es nicht? – Mir graut
Vor beidem, und ich wage nicht zu fragen!
Graf Leicester zeigt sich nicht, auch Burleigh nicht,
Die ich ernannt, das Urteil zu vollstrecken.
Sind sie von London abgereist – Dann ist's
Geschehn, der Pfeil ist abgedrückt, er fliegt,

Er trifft, er hat getroffen, gält's mein Reich,
Ich kann ihn nicht mehr halten – Wer ist da?

ZWÖLFTER AUFTRITT

Elisabeth. Ein Page.

ELISABETH. Du kommst allein zurück – Wo sind die Lords?
PAGE. Mylord von Leicester und der Großschatzmeister –
ELISABETH *(in der höchsten Spannung).*
Wo sind sie?
PAGE. Sie sind nicht in London.
ELISABETH. Nicht?
– Wo sind sie denn?
PAGE. Das wusste niemand mir zu sagen.
Vor Tages Anbruch hätten beide Lords
Eilfertig und geheimnisvoll die Stadt
Verlassen.
ELISABETH *(lebhaft ausbrechend).*
Ich bin Königin von England!
(Auf und nieder gehend in der höchsten Bewegung)
Geh! Rufe mir – nein, bleibe – Sie ist tot!
Jetzt endlich hab ich Raum auf dieser Erde.
– Was zittr' ich? Was ergreift mich diese Angst?
Das Grab deckt meine Furcht, und wer darf sagen,
Ich hab's getan! Es soll an Tränen mir
Nicht fehlen, die Gefallne zu beweinen!
(Zum Pagen)
Stehst du noch hier? – Mein Schreiber Davison
Soll augenblicklich sich hierher verfügen.
Schickt nach dem Grafen Shrewsbury – Da ist
Er selbst! *(Page geht ab)*

DREIZEHNTER AUFTRITT

Elisabeth. Graf Shrewsbury.

ELISABETH. Willkommen, edler Lord. Was bringt Ihr?
Nichts Kleines kann es sein, was Euren Schritt
So spät hierher führt.
SHREWSBURY. Große Königin,

Mein sorgenvolles Herz, um deinen Ruhm
Bekümmert, trieb mich heute nach dem Tower,
Wo Kurl und Nau, die Schreiber der Maria,
Gefangen sitzen, denn noch einmal wollt' ich
Die Wahrheit ihres Zeugnisses erproben.
Bestürzt, verlegen weigert' sich der Leutnant
Des Turms, mir die Gefangenen zu zeigen,
Durch Drohung nur verschafft' ich mir den Eintritt,
– Gott! welcher Anblick zeigte mir sich da!
Das Haar verwildert, mit des Wahnsinns Blicken,
Wie ein von Furien Gequälter, lag
Der Schotte Kurl auf seinem Lager – Kaum
Erkennt mich der Unglückliche, so stürzt er
Zu meinen Füßen, schreiend, meine Knie
Umklammernd mit Verzweiflung, wie ein Wurm
Vor mir gekrümmt – fleht er mich an, beschwört mich,
Ihm seiner Königin Schicksal zu verkünden;
Denn ein Gerücht, dass sie zum Tod verurteilt sei,
War in des Towers Klüfte eingedrungen.
Als ich ihm das bejahet nach der Wahrheit,
Hinzugefügt, dass es sein Zeugnis sei,
Wodurch sie sterbe, sprang er wütend auf,
Fiel seinen Mitgefangnen an, riss ihn
Zu Boden, mit des Wahnsinns Riesenkraft,
Ihn zu erwürgen strebend. Kaum entrissen wir
Den Unglücksel'gen seines Grimmes Händen.
Nun kehrt' er gegen sich die Wut, zerschlug
Mit grimm'gen Fäusten sich die Brust, verfluchte sich
Und den Gefährten allen Höllengeistern.
Er habe falsch gezeugt, die Unglücksbriefe
An Babington, die er als echt beschworen,
Sie seien falsch, er habe andre Worte
Geschrieben, als die Königin diktiert,
Der Böswicht Nau hab ihn dazu verleitet.
Drauf rannt' er an das Fenster, riss es auf
Mit wütender Gewalt, schrie in die Gassen
Hinab, dass alles Volk zusammenlief,
Er sei der Schreiber der Maria, sei
Der Böswicht, der sie fälschlich angeklagt,
Er sei verflucht, er sei ein falscher Zeuge!

ELISABETH. Ihr sagtet selbst, dass er von Sinnen war.
Die Worte eines Rasenden, Verrückten,
Beweisen nichts.

Der Widerruf des Schreibers Kurl ist Schillers Erfindung.

SHREWSBURY. Doch dieser Wahnsinn selbst
Beweiset desto mehr! O Königin!
Lass dich beschwören, übereile nichts,
Befiehl, dass man von neuem untersuche.
ELISABETH. Ich will es tun – weil Ihr es wünschet, Graf,
Nicht weil ich glauben kann, dass meine Peers
In dieser Sache übereilt gerichtet.
Euch zur Beruhigung erneure man
Die Untersuchung – Gut, dass es noch Zeit ist!
An unsrer königlichen Ehre soll
Auch nicht der Schatten eines Zweifels haften.

VIERZEHNTER AUFTRITT

Davison zu den Vorigen.

ELISABETH. Das Urteil, Sir, das ich in Eure Hand
Gelegt – Wo ist's?
DAVISON *(im höchsten Erstaunen).* Das Urteil?
ELISABETH. Das ich gestern
Euch in Verwahrung gab –
DAVISON. Mir in Verwahrung!
ELISABETH. Das Volk bestürmte mich zu unterzeichnen,
Ich musst' ihm seinen Willen tun, ich tat's,
Gezwungen tat ich's, und in Eure Hände
Legt' ich die Schrift, ich wollte Zeit gewinnen,
Ihr wisst, was ich Euch sagte – Nun! Gebt her!
SHREWSBURY. Gebt, werter Sir, die Sachen liegen anders,
Die Untersuchung muss erneuert werden.
DAVISON. Erneuert? – Ewige Barmherzigkeit!
ELISABETH. Bedenkt Euch nicht so lang. Wo ist die Schrift?
DAVISON *(in Verzweiflung).*
Ich bin gestürzt, ich bin ein Mann des Todes!
ELISABETH *(heftig einfallend).* Ich will nicht hoffen, Sir –
DAVISON. Ich bin verloren!
Ich hab sie nicht mehr.
ELISABETH. Wie? Was?
SHREWSBURY. Gott im Himmel!
DAVISON. Sie ist in Burleighs Händen – schon seit gestern.
ELISABETH. Unglücklicher! So habt Ihr mir gehorcht,
Befahl ich Euch nicht streng, sie zu verwahren?
DAVISON. Das hast du nicht befohlen, Königin.

ELISABETH. Willst du mich Lügen strafen, Elender?
Wann hieß ich dir die Schrift an Burleigh geben?
DAVISON. Nicht in bestimmten, klaren Worten – aber –
ELISABETH. Nichtswürdiger! Du wagst es, meine Worte
Zu deuten? Deinen eignen blut'gen Sinn
Hineinzulegen? – Wehe dir, wenn Unglück
Aus dieser eigenmächt'gen Tat erfolgt,
Mit deinem Leben sollst du mir's bezahlen.
– Graf Shrewsbury, Ihr sehet, wie mein Name
Gemissbraucht wird.
SHREWSBURY. Ich sehe – O mein Gott!
ELISABETH. Was sagt Ihr?
SHREWSBURY. Wenn der Squire sich dieser Tat →
Vermessen hat auf eigene Gefahr
Und ohne deine Wissenschaft gehandelt,
So muss er vor den Richterstuhl der Peers
Gefordert werden, weil er deinen Namen
Dem Abscheu aller Zeiten preisgegeben.

LETZTER AUFTRITT

Die Vorigen. Burleigh, zuletzt Kent.

BURLEIGH *(beugt ein Knie vor der Königin).*
Lang lebe meine königliche Frau,
Und mögen alle Feinde dieser Insel
Wie diese Stuart enden!
(Shrewsbury verhüllt sein Gesicht, Davison ringt verzweiflungsvoll die Hände)
ELISABETH. Redet, Lord!
Habt Ihr den tödlichen Befehl von mir
Empfangen?
BURLEIGH. Nein, Gebieterin! Ich empfing ihn
Von Davison.
ELISABETH. Hat Davison ihn Euch
In meinem Namen übergeben?
BURLEIGH. Nein!
Das hat er nicht –
ELISABETH. Und Ihr vollstrecktet ihn,
Rasch, ohne meinen Willen erst zu wissen?
Das Urteil war gerecht, die Welt kann uns
Nicht tadeln, aber Euch gebührte nicht,

Der Milde unsres Herzens vorzugreifen –
Drum seid verbannt von unserm Angesicht!
(Zu Davison)
Ein strengeres Gericht erwartet Euch,
Der seine Vollmacht frevelnd überschritten,
Ein heilig anvertrautes Pfand veruntreut.
Man führ ihn nach dem Tower, es ist mein Wille,
Dass man auf Leib und Leben ihn verklage.
– Mein edler Talbot! Euch allein hab ich
Gerecht erfunden unter meinen Räten,
Ihr sollt fortan mein Führer sein, mein Freund –
SHREWSBURY. Verbanne deine treusten Freunde nicht,
Wirf sie nicht ins Gefängnis, die für dich
Gehandelt haben, die jetzt für dich schweigen.
Mir aber, große Königin, erlaube,
Dass ich das Siegel, das du mir zwölf Jahre
Vertraut, zurück in deine Hände gebe.
ELISABETH *(betroffen)*.
Nein, Shrewsbury! Ihr werdet mich jetzt nicht
Verlassen, jetzt –
SHREWSBURY. Verzeih, ich bin zu alt,
Und diese grade Hand, sie ist zu starr,
Um deine neuen Taten zu versiegeln.
ELISABETH. Verlassen wollte mich der Mann, der mir
Das Leben rettete?
SHREWSBURY. Ich habe wenig
Getan – Ich habe deinen edlern Teil
Nicht retten können. Lebe, herrsche glücklich!
Die Gegnerin ist tot. Du hast von nun an
Nichts mehr zu fürchten, brauchst nichts mehr zu achten.
(Geht ab)
ELISABETH *(zum Grafen Kent, der hereintritt)*.
Graf Leicester komme her!
KENT. Der Lord lässt sich
Entschuldigen, er ist zu Schiff nach Frankreich.
(Sie bezwingt sich und steht mit ruhiger Fassung da.
Der Vorhang fällt)

Die hier erwähnte **Abreise Leicesters** ist Schillers Erfindung.

Friedrich von Schiller
1759–1805

Jahr	Ort	Ereignis	Alter
1759	Marbach am Neckar	Am 10. November wird Johann Christoph Friedrich Schiller geboren. Seine Eltern sind der Leutnant Caspar Schiller (1723–1796) und seine Frau Elisabeth Dorothea, geborene Kodweiß (1732–1802).	
1764	Lorch	Übersiedlung der Familie nach Lorch; Besuch der Lorcher Dorfschule; Lateinunterricht bei Pfarrer Moser.	5
1766	Ludwigsburg	Rückversetzung des Vaters in die Garnison nach Ludwigsburg.	7
1767	Ludwigsburg	Schiller besucht die dortige Lateinschule mit dem Ziel, Geistlicher zu werden.	8
1773	Solitude bei Stuttgart	Auf dreifache Aufforderung des Herzogs Karl Eugen von Württemberg tritt Schiller in die „Militärpflanzschule" auf der Solitude ein. Die Schule wird im gleichen Jahr zur Herzoglichen Militärakademie erhoben.	14
1774	Solitude	Beginn des Jurastudiums.	15
1775	Stuttgart	Verlegung der Militärakademie als „Hohe Karlsschule" nach Stuttgart; Wechsel vom ungeliebten Jurastudium zum Medizinstudium; Lektüre von Schubarts Erzählung *Zur Geschichte des menschlichen Herzens*, hierdurch möglicherweise erste Anregung zu den *Räubern*.	16

Jahr	Ort	Ereignis	Alter
1776	Stuttgart	Beginn des Philosophiestudiums bei Professor Abel; durch ihn erste Berührung mit dem Werk Shakespeares. Veröffentlichung des Gedichts *Der Abend* im *Schwäbischen Magazin*. Schiller vernichtet sein Drama *Cosmus von Medicis* nach dem Abschluss.	17
1779	Stuttgart	Ablehnung seiner medizinischen Dissertation *Philosophie der Physiologie*. Schiller muss noch ein weiteres Jahr auf der Militärakademie bleiben. Herzog Karl August von Sachsen-Weimar besucht in Begleitung Goethes die Militärakademie; Teilnahme an der Preisverleihung.	20
1780	Stuttgart	Schiller hält die Festrede anlässlich des Geburtstags der Mätresse des Herzogs Karl Eugen, Reichsgräfin Franziska von Hohenheim, mit dem Titel *Die Tugend in ihren Folgen betrachtet*. Franziska dient Schiller als Vorbild für die Figur der Lady Milford in *Kabale und Liebe*. Vorlegung seiner neuen Dissertation *Über den Zusammenhang der tierischen Natur des Menschen mit seiner geistigen*. Entlassung aus der Militärakademie als Militärarzt. Anstellung als Regimentsmedikus des Grenadierregiments Augé in Stuttgart.	21
1781		Das Stück *Die Räuber* erscheint anonym mit fingiertem Druckort.	22
1782	Flucht aus Württemberg	Erfolgreiche Uraufführung der *Räuber* am Nationaltheater in Mannheim. Schiller besucht die Aufführung ohne Urlaubsbewilligung. Als der Herzog davon erfährt, erhält Schiller 14 Tage Arrest und das Verbot der schriftstellerischen Tätigkeit. Beschäftigung mit dem Stoff zu *Luise Millerin*. Schiller nutzt das Fest, das für den russischen Zaren, Großfürst Paul von Russland, anlässlich von dessen Teilnahme an einer Jagd gegeben wird, um mithilfe seines Freundes, des Musikers Andreas Streicher, nach Mannheim zu fliehen. Fortsetzung der Flucht über Darmstadt, Frankfurt nach Oggersheim und schließlich nach Bauerbach in Thüringen. Schillers Stück *Die Verschwörung des Fiesco zu Genua* wird vom Mannheimer Nationaltheater abgelehnt. In Bauerbach lebt Schiller ein Jahr lang als Dr. Ritter auf dem Gut der Frau von Wolzogen.	23

Jahr	Ort	Ereignis	Alter
1783	Bonn, Mannheim	Uraufführung des *Fiesco* in Bonn; Anstellung als Theaterdichter beim Mannheimer Theater.	24
1784	Frankfurt a. M., Mannheim	Uraufführung von *Luise Millerin* unter dem von Iffland vorgeschlagenen Titel *Kabale und Liebe*; Beginn von Schillers gesundheitlichen Problemen. Er erkrankt schwer an Malaria. Antrittsrede in der „Deutschen Gesellschaft" unter dem Titel *Vom Wirken der Schaubühne auf das Volk*, später: *Die Schaubühne als eine moralische Anstalt betrachtet*.	25
1785	Gohlis, Loschwitz, Dresden	Übersiedlung nach Gohlis, zusammen mit dem neuen Leipziger Freundeskreis; erste Begegnung mit Körner. Arbeit an *Don Carlos;* gemeinsame Wohnung mit Körner in Loschwitz, Übersiedlung nach Dresden, Entstehung von *An die Freude* und der Erzählung *Der Verbrecher aus verlorener Ehre.*	26
1787	Hamburg, Dresden, Weimar, Rudolstadt	Uraufführung von *Don Karlos* in Hamburg; Beginn am Roman *Der Geisterseher;* Reise nach Weimar, dort u. a. Begegnung mit Wieland und Herder; Fertigstellung des *Abfalls der vereinigten Niederlande.* In Rudolstadt lernt Schiller die Familie von Lengefeld kennen; besonders die Tochter Charlotte hat es ihm angetan.	28
1788	Rudolstadt	Beginn des Briefwechsels mit Charlotte von Lengefeld; Besuch Goethes in Rudolstadt; distanzierte Haltung gegenüber Schiller: Er kann mit dem leidenschaftlichen und impulsiven Schiller wenig anfangen.	29
1789	Jena	Auf Vorschlag Goethes erhält Schiller eine Geschichtsprofessur in Jena; Übersiedlung nach Jena. Jetzt hat Schiller die finanziellen Möglichkeiten, eine Familie zu gründen. Er hält um die Hand Charlottes an. Beginn der Freundschaft mit Wilhelm von Humboldt.	30
1790	Jena	Herzog Karl August gewährt Schiller ein festes jährliches Gehalt. Der Meininger Hof verleiht Schiller den Titel eines Hofrats. Schiller heiratet Charlotte von Lengefeld. Die ersten beiden Bücher von Schillers *Geschichte des Dreißigjährigen Krieges* erscheinen. Bekanntschaft mit dem in Jena studierenden Novalis; Besuch Goethes in Jena.	31

Jahr	Ort	Ereignis	Alter
1791	Jena, Karlsbad	Ausbruch einer schweren Lungen- und Bauchfellerkrankung, an deren Folgen Schiller für den Rest seines Lebens leidet. Kuraufenthalt in Karlsbad; intensive Beschäftigung mit der Philosophie Kants. Schiller erhält vom dänischen Hof ein jährliches Geschenk von tausend Talern für drei Jahre zugesprochen.	32
1792		Schiller wird durch die französische Nationalversammlung das französische Bürgerrecht verliehen; Bekanntschaft mit Friedrich Schlegel.	33
1793	Ludwigsburg, Stuttgart	Übersiedlung nach Ludwigsburg; Arbeit an theoretischen Schriften. Tod des Herzogs Karl Eugen von Württemberg; Besuch in Stuttgart und begeisterter Empfang in der Karlsschule; Bekanntschaft mit Hölderlin; Geburt von Schillers erstem Sohn, Karl Friedrich Ludwig; Fortführung der philosophischen und ästhetischen Studien.	34
1794	Ludwigsburg, Jena	Bekanntschaft mit Fichte; auf der Tagung der „Naturforschenden Gesellschaft" in Jena Begegnung mit Goethe. Langes Gespräch mit Goethe über die Urpflanze, die Metamorphosenlehre und das Verhältnis von Idee und Erfahrung in den Naturwissenschaften. Beginn des persönlichen Briefwechsels zwischen Goethe und Schiller, aus dem sich eine enge Freundschaft entwickeln wird.	35
1795	Jena	Trotz schlechten Gesundheitszustandes entstehen zahlreiche Gedichte.	36
1796	Jena	In Zusammenarbeit mit Goethe entsteht der *Xenienalmanach* im *Musenalmanach für das Jahr 1797* und erregt ungeheures Aufsehen. Besuch von Schelling und Jean Paul bei Schiller; Tod der Schwester Nanette und des Vaters. Schillers zweiter Sohn, Ernst Friedrich Wilhelm, wird geboren. Schiller wird zum ordentlichen Honorarprofessor in Jena ernannt; Entstehung mehrerer Balladen; Arbeit am *Wallenstein*; wiederholte Treffen mit Goethe.	37
1799	Weimar	Die Trilogie *Wallensteins Lager, Piccolomini, Wallensteins Tod* wird in Weimar uraufgeführt; Besuch von Ludwig Tieck. *Das Lied von der Glocke* erscheint im *Musenalmanach für das Jahr 1800*; Geburt von Schillers Tochter, Caroline Henriette Luise; Umzug nach Weimar.	40

Jahr	Ort	Ereignis	Alter
1799/ 1800	Weimar	*Maria Stuart* entsteht.	40/41
1800	Weimar	Erkrankung Schillers an einem Nervenfieber; Uraufführung von *Maria Stuart* in Weimar; Ausgabe von Schillers *Kleinen prosaischen Schriften.*	41
1801	Leipzig	Uraufführung der *Jungfrau von Orleans* in Leipzig.	42
1802		Schiller erhält vom Wiener Hof den erblichen Adelstitel zugesprochen; Tod der Mutter.	43
1804	Weimar, Berlin	Uraufführung von *Wilhelm Tell* in Weimar; der Erfolg übertrifft den aller bisherigen Dramen Schillers. Reise mit der Familie nach Berlin; hier außerordentliche Ehrungen durch die Öffentlichkeit und das preußische Königshaus. Der Herzog verdoppelt Schillers Gehalt, um ihn in Weimar zu halten. Geburt der jüngsten Tochter, Emilie Friederike Henriette; Arbeit am *Demetrius;* Entstehung der *Huldigung der Künste* als Festspiel zur Ankunft der Großfürstin Maria Pawlowna, der Gattin des Erbprinzen Karl Friedrich.	45
1805	Weimar	Schiller arbeitet weiter am *Demetrius*; sein Gesundheitszustand verschlechtert sich. Schiller stirbt am 9. Mai in seinem 46. Lebensjahr und wird im „Landschaftskassengewölbe" auf dem Sankt-Jakobs-Friedhof in Weimar beigesetzt.	46
1827	Weimar	Überführung von Schillers Leichnam in die Fürstengruft zu Weimar.	

WORT- UND SACHERKLÄRUNGEN

19 **Lilien von Frankreich** Die Lilie war das Wappen der französischen Könige. Maria Stuart war durch ihre Ehe mit Franz II. ein Jahr lang Königin von Frankreich gewesen.

37 **So speiste sie zu Sterlyn ihren Gatten ...** Bezieht sich auf die verächtliche Behandlung ihres Gatten Darnley zur Zeit der Taufe ihres Sohnes Jakob I. zu Stirling in Schottland im Jahre 1566. Der Buhle ist Bothwell. Vgl. Anm. zu V. 327.

48 **Mediceerin** Katharina von Medici (1519–1589). Seit 1533 die Gemahlin Heinrichs II. von Frankreich, nach Heinrichs Tod 1559 Regentin für den minderjährigen Karl IX.

70, 73 **Parry, Babington, Norfolk** Parry und Babington waren zwei katholische Fanatiker, der Herzog Thomas Howard von Norfolk war Protestant. Sie wurden als Verschwörer hingerichtet: Norfolk 1572, Parry und Babington 1585 und 1586.

84 **Helena** Gemahlin des Menelaos; ihre Entführung durch Paris wurde der Anlass zum trojanischen Krieg.

102 **die spanische Maria** Maria die Katholische war die Tochter Heinrichs VIII. und der Katharina von Aragonien und die Gemahlin Philipps II. von Spanien. Sie regierte 1553 bis 1558.

105 f. **Edinburger Vertrag** Nach diesem Vertrag vom 6. Juli 1560 sollte Maria Stuart auf alle Ansprüche auf den englischen Thron verzichten und den Protestantismus in Schottland unter Staatsschutz stellen. Maria hat diesen Vertrag nicht unterzeichnet.

142 **Christus in der Hand** Mit Christus ist hier das Kruzifix gemeint.

183 **Sakrament** Bezeichnet in der katholischen Kirche jede heilige von Christus eingesetzte Handlung wie Taufe, Messe usw.

187 **Dechant** *(griechisch)* Bezeichnet hier einen höheren Geistlichen der anglikanischen Kirche.

244 **Hatton** Der Vizekämmerer Sir Christopher Hatton war der Vorsitzende des Gerichts, das Maria verurteilte.

272 **König Darnley** Der zweite Gemahl von Maria Stuart, der 1567 ermordet wurde – nach Schillers Überzeugung mit Marias Einverständnis.

284 **Löseschlüssel** Der Schlüssel ist das Symbol für die durch den Papst als Nachfolger Petri vertretene höchste geistliche Gewalt, „zu lösen und zu binden". (Vgl. Matthäus 16, Vers 18 und 19.)

289 f. **Messedieners Glocke, Hochwürdiges in Priesters Hand** Die Glocke und das „Hochwürdige" gehören zum Zubehör der katholischen Messe. Das Hochwürdige (die Hostie) ist das geweihte Brot, das während der Messe eine Wandlung in den Leib des Herrn erfährt.

319 **Der Sänger Rizzio** Sekretär und Günstling Marias, der von Marias Gatten Darnley und von fanatischen Protestanten ermordet wurde.

327 **Bothwell** Marias dritter Gemahl. Er hatte Lord Darnley, Marias zweiten Gemahl, ermorden lassen. Eine Revolte der schottischen Lords vertreibt ihn nach Dänemark, Maria flieht nach England. Vgl. Anm. zu V. 272.

387 **Kardinal von Lothringen** Herzog Karl von Guise, Kardinal von Lothringen, war bereits 1574, also viele Jahre vor der Zeit des Dramas, gestorben.

414 **Puritaner** *(lateinisch)* Bezeichnung für die Anhänger der extremen Richtung des englischen Protestantismus, die die reine Lehre des Evangeliums vertreten.

427 **Kolosseum** Die Ruine des größten römischen Rundtheaters aus der Zeit der Flavier.

441 **Gruß des Engels** Darstellung der Verkündigung des Engels Gabriel an Maria.

443 **die leuchtende Verklärung** Bildliche Darstellung der Verklärung Jesu (vgl. Matthäus 17, 1–8).

445 **Hochamt** Feierliche Messe vor dem Hochaltar, d. h. Hauptaltar, einer Kirche.

457 **das enge dumpfe Buch** Das englische Gebetsbuch; ein Werk des Erzbischofs Cranmer von Canterbury aus den Jahren 1549 bis 1552.

473 **Fels der Kirche** Hier: Papst als Nachfolger des Petrus (vgl. Matthäus 16, 18).

482 **Sitzungen der Väter** Versammlungen (Konzilien) von Kirchenfürsten zur Ermittlung geistlicher Wahrheiten.

494 **Gesellschaft Jesu in Reims** Priesterseminar des Jesuitenordens und Keimzelle der Aufstände gegen England.

496 f. **Morgan und Leßley** Morgan war an der Verschwörung Parrys beteiligt; Leßley, der Bischof von Roße, an der Verschwörung Norfolks.

516 **Märtyrtum** Märtyrer ist einer, der um seines Glaubens oder seiner Überzeugung willen Gewalt leidet.

524 **Bastardtochter** Bastard: Uneheliches Kind von sozial unebenbürtigen Partnern. Elisabeth war die Tochter Heinrichs VIII. und der Anna Boleyn, die Heinrich ohne päpstliche Scheidung von seiner ersten Frau, Johanna von Aragonien, geheiratet hatte.

607 **Duc von Anjou** Der Bruder Heinrichs III. von Frankreich, der 1570 um Elisabeths Hand angehalten hatte – also lange vor der Zeit des Dramas!

613 **königliche Frauen** Katharina Howard, die fünfte Gemahlin Heinrichs VIII., wurde ebenso wie Anna Boleyn wegen Ehebruchs hingerichtet. Lady Gray wurde unter der Herrschaft der katholischen Maria hingerichtet.

706 **Peer** *(lateinisch)* Angehöriger des hohen englischen Adels. Das lateinische par bezeichnet den Gleichgestellten. Darauf spielt Maria an.

751 **Primas von Canterbury** Primas, d. h. der erste Erzbischof des britischen Reiches.

753 **Howard** Der historische Großadmiral Lord Howard nahm an den Verhandlungen nicht teil.

825 f. **Ein Parlament, ein Zepter** Die Vereinigung Englands und Schottlands erfolgte zuerst 1603 nach Elisabeths Tod unter Maria Stuarts Sohn Jakob I.

836 **Richmond die zwei Rosen** Heinrich VII. von Richmond – mütterlicherseits von den Lancaster herkommend – heiratet 1485 die älteste Tochter Eduards IV. aus dem Hause York und versöhnt nach Besiegung Richards III. beide Geschlechter, die sich bis dahin in den so genannten „Rosenkriegen" unter den Abzeichen der weißen und der roten Rose befehdet hatten.

837 f. **die Kronen ... zu vermählen** Nach Elisabeths Tod (1603) erfüllte sich diese Vision Marias: Ihr Sohn wurde König von Schottland und England.

847 **Akte** Der 1585 vom Parlament angenommene Gesetzesvorschlag.

929 **Mendoza** Botschafter Philipps II. von Spanien, der 1584 wegen Teilnahme an einer Verschwörung ausgewiesen wird.

1069 **Brecht den Stab!** Vor der Vollstreckung des Todesurteils wurde über dem Verurteilten in symbolischer Handlung ein Stab zerbrochen.

1072 **Sheriff** Oberster Beamter einer englischen Grafschaft mit Gerichtsgewalt.

1090 **Madrigal** *(italienisch)* In der Literatur lyrische Dichtung in freier Form. In der Musik im 14. Jahrhundert das Solokunstlied mit Begleitung von Streichinstrumenten, seit dem 16. Jahrhundert das mehrstimmige weltliche Chorlied ohne Instrumentalbegleitung.

1104 **Monsieur** Französische Bezeichnung für den jüngeren Bruder der Könige von Frankreich.

1119 **Der Hof von Saint Germain** Saint-Germain-En-Laye war der Aufenthaltsort der französischen Könige.

1175 **Klöster aufgetan** Aufhebung der Klöster durch Heinrich VIII. und Eduard VI.

1221 **Honny soit qui mal y pense** *(französisch)* Schande über den, der schlecht davon denkt. Devise des Hosenbandordens, gestiftet von Eduard III. im Jahre 1344.

1266 **lothringische Brüder** Heinrich, Ludwig und Karl von Guise. Unter ihrer Führung kam es zur Gründung einer Liga zur Verteidigung der katholischen Religion.

1345 **Die auch dem Weib die Herrscherzügel gaben** In England sind auch die weiblichen Nachkommen erbberechtigt. Diese Regelung war damals äußerst ungewöhnlich.

1381 **Woodstock, der Tower** Woodstock war das Lustschloss der Könige von England in der Grafschaft Oxford, der Tower das Staatsgefängnis in London. Wegen angeblicher Teilnahme an einer Verschwörung kommt Elisabeth durch ihre Halbschwester, die katholische Maria, zuerst in den Tower, dann nach Woodstock.

1470 **der große Weg** Das englische „the grand tour" bezeichnete seit der Renaissance die „Kavalierstour" durch Frankreich und Italien, die der vornehme junge Mann zum Abschluss seiner Ausbildung unternahm.

1489 **Walsingham** W. war ein Staatssekretär, der die Verschwörung von Parry und Babington aufdeckte.

1490 **Bulle des Papstes Sixtus V.** Sie erneuert den Bann des Papstes Pius V. von 1570. Bulle *(lateinisch)* = päpstliche Verordnung.

1789 **Argusblick** Argus war in der griechischen Mythologie ein als Wächter bestellter Riese mit vielen Augen.

1967 **Diadem** *(griechisch)* Stirnband. Kommt als Zeichen der Königswürde aus dem Orient zu den Griechen und Römern.

2186f. **Schlangenhaare ... Höllengeister** Die Griechen stellten sich die Rachegöttinnen geflügelt und ihre Köpfe von Schlangenleibern umspielt vor.

2352 **Die Sankt Barthelemi** Katharina von Medici in Verbindung mit den Guisen bestimmte Karl IV. zur Ermordung der protestantischen Hugenotten in der Bartholomäusnacht am 24. August 1572.

2374 **Armida** Figur einer schönen Zauberin aus Tassos „Befreitem Jerusalem“, die bei Gluck und Rossini zum Gegenstand einer Oper wird.

2526 **Hostie** *(lateinisch)* Sühnopfer. Die Bezeichnung des für die Kommunion bestimmten geweihten Brotes.

2623 **Barnabit** Anhänger eines geistlichen Ordens, der in Frankreich im Dienst der Gegenreformation stand. Der Name des Ordens von einer Kirche des hl. Barnabas.

2668 **Der heilige Charakter** Bezeichnet hier die heilige, d. h. unantastbare Würde des Gesandten.

2687 **Hotel** *(französisch)* Privatpalast. Hier die Wohnung des Gesandten.

2707 **Inquisitionsgericht. Inquisition** *(lateinisch)* Verhör, Glaubensuntersuchung der katholischen Kirche.

3175f. **Legat aus Rom** Johann ohne Land empfing 1213 England als Lehen aus den Händen eines päpstlichen Legaten. Legat *(lateinisch)* = Gesandter.

3218f. **wütender Vertilgungskrieg auf den Meeren** Anspielung auf den Seekrieg von 1588, der mit der Vernichtung der spanischen Armada endet.

or 3480 **Agnus Dei** *(lateinisch: Lamm Gottes)* Eine vom Papst geweihte Platte aus Wachs oder Metall in Form einer Hostie, mit dem Lamm Gottes auf einer und einem Heiligen auf der anderen Seite.

3658f. **Wie den Apostel einst ein Engel führte aus des Kerkers Banden** Bezieht sich auf die Befreiung Petri durch den Engel. Vgl. Apostelgeschichte 12, 7.

3746f. **Wie du geglaubet, so geschehe dir! Nimm hin den Leib, er ist für dich geopfert!** (Vgl. Matthäus 9, 29)

3750f. **höchstes Recht der Könige** Der sonst den Priestern vorbehaltene Genuss des Abendmahls in beiderlei Gestalt, der den französischen Königen am Krönungstage erlaubt war.

3989 **Squire** *(lateinisch Scutifer = Schildträger)* Titel des niederen englischen Adels.

MATERIALIEN

Zugänge

Schiller war von der gesellschaftlichen Funktion des Theaters als Reflexionsmedium überzeugt, zugleich aber trat er nachdrücklich für die Autonomie von Kunst und Literatur ein, nicht nur gegenüber staatlichen oder religiösen Vorgaben. Denn auch eine Verpflichtung der Literatur auf historische Genauigkeit lehnte er ab, z. B. in seiner kunstphilosophischen Abhandlung *Über die tragische Kunst* – ein Aspekt, der gerade für *Maria Stuart* wichtig ist. Die Frage nach der Aktualität der in Schillers Werk vermittelten Werte wurde schon früh im 20. Jahrhundert gestellt; Helmut Koopmann zieht in seinem Essay den Bogen vom Umgang mit Schillers Werk zur Zeit des Nationalsozialismus bis in die Gegenwart.

Über die tragische Kunst (Friedrich Schiller, 1790/91)

Die Tragödie ist viertens poetische Nachahmung einer mitleidswürdigen Handlung und dadurch wird sie der historischen entgegengesetzt. Das Letztere würde sie sein, wenn sie einen historischen Zweck verfolgte, wenn sie darauf ausginge, von geschehenen Dingen und von der Art ihres Geschehens zu unterrichten. In diesem Falle müsste sie sich streng an historische Richtigkeit halten, weil sie einzig nur durch treue Darstellung des wirklich Geschehenen ihre Absicht erreichte. Aber die Tragödie hat einen poetischen Zweck, d. i. sie stellt eine Handlung dar, um zu rühren und durch Rührung zu ergötzen. Behandelt sie also einen gegebenen Stoff nach diesem ihrem Zwecke, so wird sie eben dadurch in der Nachahmung frei; sie erhält Macht, ja Verbindlichkeit, die historische Wahrheit den Gesetzen der Dichtkunst unterzuordnen und den gegebenen Stoff nach ihrem Bedürfnisse zu bearbeiten. Da sie aber ihren Zweck, die Rührung, nur unter der Bedingung der höchsten Übereinstimmung mit den Gesetzen der Natur zu erreichen imstande ist, so steht sie, ihrer historischen Freiheit unbeschadet, unter dem strengen Gesetz der Naturwahrheit, welche man im Gegensatz von der historischen die poetische Wahrheit nennt. So lässt sich begreifen, wie bei strenger Beobachtung der historischen Wahrheit nicht selten die poetische leiden, und umgekehrt bei grober Verletzung der historischen die poetische nur umso mehr gewinnen kann. Da der tragische Dichter, so wie überhaupt jeder Dichter, nur unter dem Gesetz der poetischen Wahrheit steht, so kann die gewissenhafteste Beobachtung der historischen ihn nie von seiner Dichterpflicht lossprechen, nie einer Übertretung der poetischen Wahrheit, nie einem Mangel des Interesses zur Entschuldigung gereichen. Es verrät daher sehr beschränkte Begriffe von der tragischen Kunst, ja von der Dichtkunst überhaupt, den Tragödiendichter vor das Tribunal der Geschichte zu ziehen und Unterricht von demjenigen zu fordern, der sich schon vermöge seines Namens bloß zu Rührung und Ergötzung verbindlich macht. Sogar dann, wenn sich der Dichter selbst durch eine ängstliche Unterwürfigkeit gegen historische Wahrheit seines Künstlervorrechts begeben und der Geschichte eine Gerichtsbarkeit über sein Produkt stillschweigend eingeräumt haben sollte, fordert die Kunst ihn mit allem Rechte vor ihren Richterstuhl, und ein Tod Hermanns, eine Minona, ein Fust von Stromberg würden, wenn sie hier die Prüfung nicht aushielten, bei noch so pünktlicher Befolgung des Kostüme, des Volks- und des Zeitcharakters mittelmäßige Tragödien heißen.

Friedrich Schiller: *Über die tragische Kunst.* In: Ders.: Vom Pathetischen und Erhabenen. Schriften zur Dramentheorie. Hrsg. v. Klaus L. Berghahn. Stuttgart: Reclam, bibl. erg. Ausgabe 1995 (UB 2731), S. 50 f.

Schiller heute – sind seine klassischen Werte von gestern? (Helmut Koopmann, 2005)

„Das letzte Halbjahrhundert sah eine Regression des Menschlichen, einen Kulturschwund der unheimlichsten Art, einen Verlust an Bildung, *Anstand*, Rechtsgefühl, Treu und Glauben, jeder einfachsten Zuverlässigkeit, der beängstigt. Zwei Weltkriege haben, Rohheit und Raffgier züchtend, das intellektuelle und moralische Niveau (die beiden gehören zusammen) tief gesenkt (...). Wut und Angst, abergläubischer Hass, panischer Schrecken und wilde Verfolgungssucht beherrschen eine Menschheit, welcher der kosmische Raum gerade recht ist, strategische Basen darin anzulegen, und die Sonnenkraft äfft, um Vernichtungswaffen frevlerisch daraus herzustellen. Und so taumelt eine von Verdummung trunkene, verwahrloste Menschheit unter Ausschreien technischer und sportlicher Sensationsrekorde ihrem gar nicht mehr ungewollten Untergang entgegen". Eine

Friedrich Schiller (1759–1805): Sind seine klassischen Werte von gestern?

düstere Zeitanalyse – Thomas Mann hat sie 1955 in seiner Schiller-Rede, wenige Monate vor seinem Tode, der Öffentlichkeit präsentiert, aber so ganz unzeitgemäß will sie uns auch heute nicht scheinen. Was tun, wenn man nicht in ohnmächtiger Resignation verharren will? Thomas Mann wusste damals noch ein Heilmittel: Schiller war sein Lieferant, es war dessen „Aufruf zum stillen Bau besserer Begriffe, reinerer Grundsätze, edlerer Sitten", die ihm Heilung von den Gebrechen der eigenen Zeit verhieß. Wer Schillers Botschaft vernehme, könne dem Untergangstaumel, so Thomas Manns dringlich angebotene Therapie, ein Ende bereiten. Und so sprach er denn vom „Willen zum Schönen, Wahren und Guten, zur Gesittung, zur inneren Freiheit, zur Kunst, zur Liebe, zum Frieden, zu rettender Ehrfurcht des Menschen vor sich selbst" und davon, dass diese Botschaft Hoffnung gebe; die Menschheit werde von Ängsten und Untergangsvisionen erlöst, folge sie ihr.

Das war Festredendonner von einiger Stärke, und auch der Effekt war damals stark: Schiller war zu einer Art Ersatzchristus geworden. Aber war das nicht des Guten ein bisschen zu viel, auch wenn man bedenkt, dass dieser Huldigungsstil damals nicht unüblich war? Konnte Schiller leisten, was Thomas Mann von ihm erwartete?

Andere Zeiten hatten es mit den klassischen Werten nicht so schwer: In den Jahren einer völkisch-nationalen Theaterpolitik etwa standen Kampfvorstellungen, Opfergedanken und Treuegelöbnisse hoch im Kurs, und wie das aussah, wenn aus Schillers „moralischer Anstalt" eine nationalpolitische Erziehungsanstalt wurde, zeigt etwa ein Heft der Zeitschrift *Das Theater* von 1938, wo das Ideal einer Einheit von Staat und Volk, die Eingliederung in die Ordnung der Gemeinschaft, die Würde der Nation und die Freiheit als unbedingt zu vermittelnde und vermittelbare Werte Schillers erschienen; der Wertekatalog wurde als Ganzes zum „staatsbürgerlichen Ideal". Wie das die Volksgenossen verstanden, zeigt der Zusatz: „Adolf Hitler hat sein [Schillers] Wunschbild zur Wirklichkeit werden lassen". Wie es damals um die Aktualisierung Schillerscher Werte stand, demonstrierten die Siegesfeiern schon unmittelbar nach der sogenannten Machtergreifung 1933: *Wilhelm Tell* wurde überall gespielt mit der Begründung, dass dort „die Sehnsucht nach einem starken und freien deutschen Volk" dokumentiert sei: Da war Wilhelm Tell zu Adolf Hitler geworden, und auf der Bühne erschien Adolf Hitler als Wilhelm Tell. Eine korrumpierte Literaturgeschichte verkaufte damals passend dazu die Ideen in Schillers Werk als Ideen der Nazis. 1934 war Schiller bei den Nazis endgültig zum Volkshelden geworden – die folgten damit einer langen Tradition, denn so war Schiller schon 1859 gefeiert worden, nicht weniger heftig auch 1905 und 1909. (…)

Dass Schillers Werte, etwa „Freiheit", freilich auch anders verstanden werden konnten, zeigte schon 1933 der spontane Applaus des Publikums in einer Bremer Aufführung des *Don Karlos* bei Posas Forderung „Geben Sie Gedankenfreiheit"; Posas Worte lösten 1937 selbst in Berlin einen Beifallssturm aus. Das hatte Folgen: Ab 1941 durfte *Wilhelm Tell* auf Anordnung Hitlers nicht mehr gespielt oder in den Schulen behandelt werden, weil die „Heimholungsaktionen" ganzer Völker ins Reich nicht gut zum Selbstbestimmungswillen der Schweizer passten; Schiller, erst von den Nazis hofiert, wurde plötzlich zum Staatsfeind, Tell zum Widerstandssymbol. So zeigte Schiller selbst den Nazis eine gefährliche Doppelsinnigkeit. Aber ist er heute eindeutiger und überzeugender? (…) Hatte Brecht nicht doch recht, als er schrieb: „Die Wahrheit [der Klassiker] ist im Kriege gestorben. Sie gehören unter unsere Kriegsopfer". Brechts Nachruf war zwar schon 1929 in einem Gespräch über Klassik zu lesen gewesen. Aber auch heute stellt sich die Frage: Gibt es sie überhaupt noch, die „klassischen Werte", und sind sie noch vermittelbar?

BIOGRAFIE

WORT- UND SACHERKLÄRUNGEN

MATERIALIEN

Doch zunächst: Die Frage, so gestellt, ist nicht eindeutig zu beantworten. Denn es gibt nicht *die* Werte bei Schiller; der junge Schiller hatte einen anderen Wertekanon als der Schiller in den Jahren seiner Beschäftigung mit Kant, der Schiller der großen historischen Dramen einen anderen als der Dichter der Balladen; Schiller verkündete im vorrevolutionären Deutschland anderes als zum nachrevolutionären Frankreich. Es kommt hinzu, dass Schiller in seinen stärker „didaktischen" Werken, also vor allem in den Balladen, eher eindeutige Beispiele rechten (oder falschen) Verhaltens nennt als in seinen Dramen; spätestens von *Wallenstein* an bestimmen Mehrdeutigkeiten seine Stücke, und damit wird auch der Wertehorizont diffuser. Die alte Frage, ob Wallenstein ein Verräter sei oder ein Verkünder des Friedens, ist kaum eindeutig zu beantworten. Dass es „klassische Werte" bei Schiller gebe, ist in gewissem Sinne also eine Fiktion – so sehr man sie auf der anderen Seite immer wieder bei Schiller gefunden zu haben glaubte. Und so ist man versucht, erneut zu fragen: Was ist geblieben? Und: Was hatte man früher missverstanden?

Versucht man, Schillers sehr unterschiedliche Antworten auf die Frage nach Werten etwas zu bündeln, zeichnen sich drei Wertkomplexe ab, die zumindest für einen größeren Zeitraum bei Schiller auszumachen sind.

1. Selbstbestimmung

Am 18. Februar 1793 schrieb Schiller einen Satz nieder, der nicht nur ein Zeugnis seiner Beschäftigung mit der Kantischen Philosophie ist, sondern der zugleich einen klassischen Grundwert zu beinhalten scheint: „Es ist gewiss von keinem sterblichen Menschen kein größeres Wort noch gesprochen worden als dieses Kantische, was zugleich der Inhalt seiner ganzen Philosophie ist: Bestimme dich aus dir selbst". Der Gegenbegriff lautet: Heteronomie, Fremdbestimmung. Schillers Autonomie-Forderung hat nichts zu tun mit der heute modischen Selbstverwirklichungsideologie, aber auch nichts mit der Goetheschen Forderung nach Selbstausbildung (...) Hinter Schillers Forderung nach Selbstbestimmung steht anderes, nämlich der Kantische Gedanke, „dass der Mensch alles, was über die mechanische Anordnung seines tierischen Daseins geht, gänzlich aus sich selbst herausbringe, und keiner anderen Glückseligkeit, oder Vollkommenheit, teilhaftig werde, als die er sich selbst, frei von Instinkt, durch eigene Vernunft, verschafft hat". Dahinter steht die Überzeugung, dass der Mensch ein Vernunftwesen sei und damit begabt zu Unabhängigkeit und Urteilsfähigkeit. Schillers Ideal: der „philosophische Kopf", der mündige Bürger. Wir könnten vom Intellektuellen sprechen, der nicht dem unterworfen ist, was Schiller einmal als „gemeine Empirie" bezeichnet hat. Man kann Freiheit auch negativ definieren: Der Intellektuelle bedarf weder eines transzendenten Trostes noch eines philosophischen Systems, das ihm das Denken abnimmt. Was allein zählt, ist seine Selbstbestimmungsfähigkeit, die ihn nicht fremden Kräften ausliefert: weder einer nicht von ihm anerkannten Obrigkeit noch psychischem Druck. Der Intellektuelle folgt keiner Kirche und keiner Partei und keiner Nationalität. (...) Darin ist Schiller ein Zögling des 18. Jahrhunderts, aber seine Botschaft ist offensichtlich übertragbar. Brecht hat die Forderung nach Selbstbestimmung in einem Gedicht etwas anders benannt, als er ihm den Titel gab: *„Lasst euch nicht verführen"*.

2. Höhere Selbstbestimmung: sich mit Freiheit in die Notwendigkeit fügen
Schiller galt immer wieder als Freiheitsheld. Freiheit ist dabei oft nicht so sehr als Freiheit eines Einzelnen, sondern vielmehr als Freiheit eines Volkes verstanden, *Wilhelm Tell* etwa ist zur Ikone nationaler Freiheitswünsche erklärt worden. Doch es gibt kaum ein größeres Missverständnis. Thomas Mann hat in seiner Schiller-Rede zu Recht von der „inneren Freiheit" gesprochen: Freiheit ist kein Nationalwert, sondern zunächst einmal an das Vermögen des Einzelnen gebunden, unabhängig zu sein. Freiheit ist, mit anderen Worten, ein innerer Zustand, der dem Menschen aber nur potenzialiter [seiner Möglichkeit nach] zugesprochen ist: das „sapere aude", die Kantische Forderung „erkühne dich, weise zu sein" bedarf eigentlich der Ergänzung: „erkühne dich, frei zu sein"; der Mensch müsse sich zur Freiheit entschließen, sie ist ihm nicht gegeben, sondern aufgegeben. Der Vers „Frei will ich leben und also sterben" bezeichnet denn auch nicht einen erreichten Zustand, sondern ist eine Aufgabe. Sie muss dann erfüllt werden, wenn die Freiheit bedroht wird.

Dass das Leben betrüblich ist, verkünden schon Schillers frühe Theaterschriften. Schiller hat dort die Alltagswelt in den düstersten Farben ausgemalt, aber auch einen Ausweg aufgezeigt: „Wenn Gram an dem Herzen nagt, wenn trübe Laune unsere einsamen Stunden vergiftet, wenn uns Welt und Geschäfte anekeln, wenn tausend Lasten unsre Seele drücken und unsre Reizbarkeit unter Arbeiten des Berufs zu ersticken droht", dann bedarf es eines ausdrücklichen Entschlusses zur inneren Freiheit. Die „wirkliche" Welt: Sie ist oft die Welt des innerlich Versklavten, der „in Fesseln der Künstelei und der Mode" lebt; in dieser Welt gibt es den „empfindsamen Weichling" ebenso wie den „rohen Unmensch", die Natur ist eine „so oft zu Boden getretene", wie der Pöbel „zum Tier" geworden ist. Das ist die Kehrseite der glanzvollen Gegenwartsbeschreibungen, wie sie sich in Schillers Jahrhundert so oft finden. Schiller erklärt die Welt als Schein, Trug und Täuschung. Besonderes Misstrauen ist Staat und Gesetzen gegenüber angebracht, zumal Letztere nichts wirklich ordnen, sondern nur Schlimmeres verhindern können. Gesetze, so Schiller, „drehen sich nur um verneinende Pflichten", und dass sie dem Chaos gerade noch zu steuern wissen, sagt Schiller auch: „Gesetze hemmen nur Wirkungen, die den Zusammenhang der Gesellschaft auflösen". Auch die Religion, so Schillers düsteres Zeitgemälde, wirkt nur durch ein Medium, das für Schiller das zweifelhafteste aller Vermittlungsinstanzen ist, nämlich durch „das Sinnliche", und seine Folgerung ist kompromisslos: „Religion ist dem größeren Teile der Menschen nichts mehr, wenn wir ihre Bilder, ihre Probleme vertilgen, wenn wir ihre Gemälde von Himmel und Hölle zernichten – und doch sind es nur Gemälde der Fantasie, Rätsel ohne Auflösung, Schreckbilder und Lockungen aus der Ferne". Das Gebiet der „weltlichen Gesetze" endigt sich nur zu bald – Freiheit ist dort nicht zu erwarten. Aber auch die Welt des Glaubens macht eben nicht frei, sondern gaukelt dem Menschen nur Eingebildetes vor.

Schiller fügt diese Einzelheiten zu einem großen Gemälde zusammen, um zu zeigen: Diese Welt ist nicht die beste aller denkbaren, sondern eher die schlechteste aller möglichen. Schillers Welt ist in diesem optimistischen, selbstgewissen und zukunftssicheren Zeitalter der ausgehenden Aufklärung düster und mit Schrecknissen belastet, und mehr als das: Sie ist, so meint Schiller, in dieser ihrer fatalen Befindlichkeit, in ihrer Grundsubstanz nicht veränderbar. Es ist kein Zufall, dass Schiller keine einzige Komödie geschrieben hat, dass selbst dort, wo (wie etwa zu Beginn von *Kabale und Liebe*) Komödiantisches in ein Trauerspiel eindringt, sich dieses als die nur schlimmere Form tragischer Verhältnisse enthüllt. Dass Schiller ein optimistischer Aufklärer gewesen sei, ist eine Legende. Aber sein Wertekanon – wenn wir tatsächlich von einem solchen sprechen wollen – ist bestückt mit Forderungen, sich die Miserabilitäten des Lebens vom Leibe zu halten, oder besser: sich das Wissen um die mögliche innere Unabhängigkeit nicht zerstören zu lassen.

Sein argumentatives Ziel: der Schaubühne, die diese Welt vergessen lassen kann, ihre Berechtigung zu geben. Nur dort herrscht Gerechtigkeit, nicht auf dieser Welt, und nur dort werden jene Werte verkündet, die in der wirklichen Welt längst obsolet geworden sind. Aber die Schaubühne ist keine eigene poetische Welt jenseits der wirklichen, sie will Exempel statuieren, die ins Leben übertragbar sind, und zentraler Wert ist und bleibt nun einmal „Freiheit“. Zur Freiheit muss man sich angesichts der Unvollkommenheit, ja, der Bedrohlichkeit und Zerbrechlichkeit dieser Welt entschließen. Das kann geschehen, indem man lernt, sich mit Freiheit in die Notwendigkeit zu fügen.

Wenn Schiller dazu auffordert, dann bezeichnet er mit diesem Begriff der „Notwendigkeit“ etwas, das viele Formen annehmen kann. Es kann der Zwang äußerer Verhältnisse sein, wie das schon seine frühe Erzählung vom Verbrecher aus verlorener Ehre zeigt, es kann etwas sein, was Schiller auch als Schicksal bezeichnet, also als über den Menschen verhängte blinde Gewalt; es kann schließlich auch eine Schuld sein, die nach Sühne verlangt – in jedem Fall ist es etwas von der Geschichte oder von den Verhältnissen Aufgegebenes, das den Menschen, um Schillers Wort zu gebrauchen, zu „zernichten“ droht, und die schwierige Aufgabe ist es, dieses Schicksal nicht nur zu erleiden, sondern anzunehmen – ein fast übermenschlicher Anspruch Schillers an den Einzelnen, etwas Notwendiges noch zu einem Akt der Freiheit umzuwerten. Entschließt er sich tatsächlich dazu, sein Fatum zu akzeptieren, ein fremdbestimmtes Schicksal erleiden zu wollen, so äußert sich darin Selbstbestimmung in ihrer eigentlichen Form. Freiheit ist die Fähigkeit des Menschen, sich selbst zu bestimmen auch noch unter der Bedrohung durch anderes, durch Menschen und Mächte, denen er sich unterworfen weiß; Freiheit ist das Vermögen, dieser Bedrohung zu entkommen, indem man sich entschließt, das über den Menschen Verhängte als etwas Unvermeidbares in einem letzten Willensakt freiwillig und bewusst anzunehmen – nicht, um ihm aus dem Weg zu gehen, sondern um sich im Akt der Anerkenntnis des Unvermeidbaren die eigene Freiheit zu sichern.

Dabei gehen für Schiller die Bedrohungen der eigenen Freiheit nicht nur von äußeren Gegebenheiten aus; er weiß nur zu gut, dass Schuld nicht immer etwas von außen Verhängtes ist, sondern dass es ein Schuldigwerden im eigenen Inneren gibt. Das demonstriert *Maria Stuart* ebenso wie *Die Braut von Messina*. Doch wo die eigene Schuld bejaht wird und in die Bereitschaft mündet, dafür zu sühnen, ist Freiheit als Selbstbestimmung möglich; Schuld muss beglichen werden, aber es wäre ein aus der Sicht Schillers wertloses Geschehen, würde sich die Sühne nur als äußerer Vorgang ereignen. Ein Mord kann nicht durch den Henker gesühnt werden, sondern nur durch die Einsicht des Mörders in die eigene Schuld und durch die innere Bereitschaft, dafür zu büßen. Dass ein Mensch auch in diesem Sinne sein Schicksal auf sich nehmen kann, zeigt, dass er sich selbst unter äußerstem Druck mit Freiheit in die Notwendigkeit zu fügen weiß. Die Schaubühne ist das Forum, auf dem Derartiges demonstriert wird – in der festen Zuversicht, dass das Beispiel unter den Zuschauern Schule mache. Dahinter steht Schillers Glaube, dass die Macht des Gewissens groß und unzerstörbar ist und dass eben dieses auch durch das Theater, durch die Dichtung vermittelt werden kann.

3. Gesittung
Die Forderung, sich selbst zu bestimmen und sich mit Freiheit auch in die „Notwendigkeit" zu fügen, könnte den Verdacht nahelegen, dass die Werte Schillers Individualwerte sind, auf den Einzelnen bezogen, an seine Verantwortlichkeit appellierend. Das ist nicht falsch, bedarf aber der Ergänzung. Was Thomas Mann als „Gesittung" bezeichnet hat, gehört zu den Sozialwerten, von denen in Schillers Werk in unterschiedlicher Dosierung die Rede ist. Dem Staat hat Schiller nicht sonderlich getraut – er hatte allen Grund dazu. Umso wichtiger sind ihm Treue, Zuverlässigkeit, Aufrichtigkeit, Verständnis, Opferbereitschaft, ein Eintreten für den Bedrohten, im Extremfall ein Auf-sich-Nehmen des fremden Schicksals bis hin zum eigenen Untergang. Das alles findet sich in Schillers Dramen und immer wieder auch in Schillers Balladen. (...) Es sieht so aus, als habe Schiller, vom Staat enttäuscht, alle Sozialwerte gewissermaßen als Kleingruppenwerte ausgeflaggt, denn sie sind eigentlich immer nur dort, also unter Freunden oder in der Familie zu finden – darin drückt sich ein Sozialbewusstsein aus, das bürgerlicher Herkunft ist und das Bürgerlichkeit als das Forum betrachtet, auf dem sich der „Bau besserer Begriffe, reinerer Grundsätze, edlerer Sitten" am ehesten verwirklichen lässt. Bürgerlichkeit als Gemeinschaftsphilosophie, die ihre Verbindlichkeit aus der Einsicht gewinnt, dass nur so Werte gewahrt werden können. Schiller nennt das „Gesittung".

Was ist geblieben? Die Idealgestalt des sich selbst bestimmenden, freien Menschen, der sich nicht instrumentalisieren lässt, war ein Wunschtraum des 18. Jahrhunderts. Aber jeder Schiller-Leser weiß, dass der Versuch einer ästhetischen Erziehung ein Phantom war und dass Schillers Verkündigung, der Mensch sei nur da ganz Mensch, wo er spiele, von der Praxis der arbeitsteiligen Gesellschaft bereits überholt war, bevor sie geäußert wurde. Es war Schillers Versuch, die Welt zu einer besseren Form des Theaters zu machen, obwohl jeder Theaterbesucher schon damals sah, dass da nicht die Wirklichkeit verhandelt wurde, sondern eben „Werte" verkörpert wurden. Dem Intellektuellen, der „liberté de penser" und „freedom of thought" zu seiner Lebens- und Handlungsmaxime erheben kann, steht eben das entgegen, was Thomas Mann 1955 schon gegeißelt hatte:

der „Verlust an Bildung, Anstand, Rechtsgefühl, Treu und Glauben, jeder einfachen Zuverlässigkeit, der beängstigt". Die Diagnose dürfte jetzt noch düsterer ausfallen. Der Verlust des Humanen äußert sich heute in Massenwahnphänomenen. Wir wissen, wie manipulierbar der Mensch geworden ist.

Ist der Glaube an den mündigen Bürger, der sich auch unter dem Druck der „Notwendigkeit" noch in Freiheit selbst bestimmen kann, ist der Glaube an den Sozialwert der „Gesittung" noch lebensfähig? „Kann sein – auch nicht", heißt es im *Wallenstein*. Ein Trost mag sein, dass vielleicht nicht Schillers Werte, wohl aber Schillers Dramen, die unaufhörlich demonstrieren, dass sie Realität seien, die Jahre und alle pessimistischen Prognosen bislang unbeschadet überstanden haben. Die klassischen Werte sind unzweifelhaft von gestern. Aber sie könnten auch morgen noch nicht verjährt sein – falls dann noch Theater gespielt wird.

Helmut Koopmann: *Schiller heute – sind seine klassischen Werte von gestern?*
In: literaturkritik.de, Nr. 1/2005, abrufbar unter: https://literaturkritik.de/id/7771
(Stand: September 2019).

Zum historischen Hintergrund

Für den Historiker Heinrich Lutz steht der historische Konflikt zwischen Elisabeth, der Königin von England, und Maria Stuart, der Königin von Schottland, am Beginn von Englands Aufstieg zur Weltmacht. Stefan Zweig sah in seiner populären Maria-Stuart-Biografie von 1935 den Konflikt zwischen den beiden Monarchinnen in dem Gegensatz zwischen einer eher rückwärtsgewandten, romantischen Haltung (Maria Stuart) und einer fortschrittlichen Position (Elisabeth) begründet. Für den Schiller-Biografen Rüdiger Safranski sind es gerade die vielen Fragen um Marias Leben und Hinrichtung, an denen sich Schillers Stück entzündete.

England unter Königin Elisabeth (Heinrich Lutz, 1964)

Das Königreich England zählte im 16. Jahrhundert kaum mehr als vier Millionen Einwohner, während man damals die Bevölkerung Frankreichs

Königin Elisabeth I. (1533–1603)
© picture alliance/Active Museu/MAXPPP/dpa

auf etwa zwanzig Millionen schätzte. Es war ein kleines Land, es lag für damalige Begriffe am Rande der bewohnten Welt. Der Aufstieg Englands im Zeitalter Elisabeths ist eng mit der Tatsache verbunden, dass sich die Nachteile der maritimen Randlage in Vorzüge zu verwandeln begannen. Die atlantische Welt war die Welt der Zukunft. Der Ausbau einer Überseeschifffahrt neuen Stils eröffnete dem Inselreich den Weg zum Welthandel und zur Weltpolitik. (…) Der englische Staat hatte als insulare Vormacht des Protestantismus an der Neugestaltung der europäischen Staatenwelt bedeutenden Anteil. Das jahrhundertelange Wirken dieser aus innerenglischen Entscheidungen nach außen drängenden Kräfte setzte bereits unter Königin Elisabeth mit einem epochalen Sieg über die spanische Macht ein. (…)

Königin Elisabeth, die Ende 1558 den englischen Thron bestieg, ist von den Zeitgenossen und der Nachwelt sehr verschieden beurteilt worden. Die außerordentliche Bedeutung ihrer fünfundvierzigjährigen Regierungszeit wird von niemandem bestritten. Sie hatte die reichen Anlagen Heinrichs VIII. und seine Liebe für Musik und Literatur geerbt. Während der Regierungsjahre ihrer Halbschwester Maria [Maria I. von England] hatte sie – stets überwacht und zeitweilig in Gefangenschaft gehalten – einen hohen Grad kühler Überlegung und Verstellung erworben. Wer mit ihr zu tun hatte, geriet unter dem Eindruck der berechnenden Vielfalt ihrer menschlichen und politischen Mittel. Ohne auf die erotischen Freuden im Stile der Zeit zu verzichten, blieb sie unverheiratet und gefiel sich der europäischen Öffentlichkeit und dem englischen Volk gegenüber in der Rolle der jungfräulichen Königin: „Sie wolle die Gnade nicht gering schätzen, die der Herr ihr verliehen habe, dass es nämlich ihre Freude sei, als Jungfrau zu leben und zu sterben." Die Meisterschaft des politischen Verhaltens, mittels derer Elisabeth trotz schwierigster Anfänge zunehmend die Zustimmung und Mitarbeit des englischen Volkes gewann, beruhte auf einem teils bewussten, teils instinktiven Erfassen und Formen vorgegebener Stimmungen und Strömungen. Elisabeth hatte aus dem Fiasko ihrer Vorgängerin gelernt, vor allem aus dem Hass, den die spanische Ehe und die gewaltsame Religionspolitik erzeugt hatten. Die neue Königin wollte es anders machen. Sie wollte England zu sich selbst führen, sie wollte selbst England sein.

Dem entsprach eine Religionspolitik, die ebenso elastisch wie zielstrebig geführt wurde. Elisabeth war persönlich wenig an den theologischen und kirchlichen Streitfragen der Zeit interessiert. Sie ging zunächst davon aus, dass die innenpolitische Situation Englands weder auf der Basis eines radikalen Protestantismus noch durch die Fortsetzung der bisherigen Linie konsolidiert werden könne. Wenn sie nun einen mittleren Weg einschlug, so bedeutet dies zunächst den Bruch mit Rom. (...) Ihr erstes Parlament, das im Unterhaus eine starke, im Oberhaus eine knappe Mehrheit für die neue Regierungspolitik aufwies, beschloss im Frühjahr 1559 die „Suprematsakte" und die „Uniformitätsakte": Die Königin wurde als „oberster Leiter in allen geistlichen und kirchlichen Dingen" bezeichnet; Klerus und Beamtenschaft wurden zur Eidesleistung auf die Suprematsakte verpflichtet. (...) Der Widerstand fast des gesamten Episkopats wurde durch die Neubestellung regierungstreuer Bischöfe überwunden. Gegen die abgesetzten Bischöfe verfuhr man vorsichtig und individuell; man wollte keine Märtyrer. Die Wiederaufrichtung der anglikanischen Kirche wurde 1563 durch eine in 39 Artikeln zusammengefasste dogmatische Erklärung abgeschlossen (...).

Heinrich Lutz: *Das Ringen der Konfessionen und die Neugestaltung der europäischen Staatenwelt (1556–1598).* In: Golo Mann (Hrsg.): Propyläen Weltgeschichte. Bd. 7.1: Von der Reformation zur Revolution. Frankfurt am Main u. a.: Ullstein, 1964, S. 112 f.

Großer politischer Heiratsmarkt (Stefan Zweig, 1935)

(...) Denn hinter der inneren Verschiedenheit der Persönlichkeiten erheben sich gebieterisch wie riesenhafte Schatten die großen Gegensätze der Zeit. Man nenne es nicht Zufall, dass Maria Stuart die Vorkämpferin der alten, der katholischen Religion gewesen und Elisabeth Schirmherrin der neuen, der reformatorischen; diese Parteinahme versinnbildlicht nur symbolisch, dass jede dieser beiden Königinnen eine andere Weltanschauung verkörperte, Maria Stuart die absterbende, die mittelalterlich-ritterliche Welt, Elisabeth die werdende, die neuzeitliche. Eine ganze Zeitwende kämpft sich in ihrem Widerstreit zu Ende.

Maria Stuart – und dies macht ihre Figur so romantisch – steht und fällt für eine vergangene, für eine überholte Sache als ein letzter kühner Paladin. Sie gehorcht nur dem gestaltenden Willen der Geschichte, wenn sie, die Rückwärtsgewandte, sich politisch jenen Mächten verbindet, die den Zenit bereits überschritten haben, Spanien und dem Papsttum, während Elisabeth klarsichtig in die fernsten Länder, nach Russland und Persien, ihre Gesandten schickt und in vorausschauendem Gefühl die Energie ihres Volkes gegen die Ozeane wendet, als ahnte sie, dass in den neuen Kontinenten die Pfeiler des zukünftigen Weltreiches aufgerichtet werden müssten. Maria Stuart beharrt starr im Übernommenen, sie kommt über die dynastische Auffassung des Königtums nicht hinaus. Das Land ist nach ihrer Meinung an den Herrscher gebunden, nicht aber der Herrscher an sein Land; eigentlich ist Maria Stuart all diese Jahre nur Königin über Schottland gewesen und niemals eine Königin für Schottland. Die hunderte Briefe, die sie geschrieben, gelten alle nur der Befestigung, der Erweiterung ihres persönlichen Rechtes, aber völlig vermisst man einen einzigen, der sich mit dem Volkswohl, mit der Förderung von Handel, Schifffahrt oder Kriegsmacht befasste. Wie ihre Sprache in Dichtung und Konversation zeitlebens die französische blieb, so ist auch ihr Denken, ihr Fühlen nie ein schottisches, ein nationales geworden; nicht für Schottland hat sie gelebt und ist sie gestorben, sondern einzig, um Königin von Schottland zu bleiben. Im Letzten hat Maria Stuart ihrem Lande nichts Schöpferisches gegeben als die Legende ihres Lebens.

Dieses Über-allem-Stehen Maria Stuarts musste notwendigerweise zu einem Alleinstehen werden. An Mut und Entschlossenheit war sie persönlich Elisabeth unermesslich überlegen. Aber Elisabeth kämpfte nicht allein gegen sie. Aus dem Gefühl ihrer Unsicherheit hatte sie rechtzeitig verstanden, ihre Position zu stärken, indem sie sich mit ruhigen und klarsehenden Leuten umgab; um sie stand ein ganzer Generalstab in diesem Kriege,

Maria Stuart (1542–1587),
Königin von Schottland
© picture alliance/Liszt Collection

lehrte sie Taktik und Praktik und schützte sie bei großen Entscheidungen vor der Sprunghaftigkeit und Fahrigkeit ihres Temperamentes. Elisabeth wusste eine derart vollendete Organisation um sich zu schaffen, dass es heute, nach Jahrhunderten, fast unmöglich ist, ihre persönliche Leistung aus der Kollektivleistung der elisabethanischen Epoche herauszuschälen, und der unermessliche Ruhm, der sich an ihren Namen bindet, schließt die anonyme Leistung ihrer ausgezeichneten Berater in sich. Während Maria Stuart nur Maria Stuart ist, stellt Elisabeth eigentlich immer Elisabeth plus Cecil, plus Leicester, plus Walsingham, plus die Energie ihres ganzen Volkes dar, und man kann kaum unterscheiden, wer der Genius jenes shakespearischen Jahrhunderts gewesen, England oder Elisabeth, so sehr sind sie zusammengeschmolzen in eine herrliche Einheit. Nichts hat Elisabeth einen solchen Rang unter den Monarchen jener Epoche gegeben, als dass sie nicht Herrin über England sein wollte, sondern bloß Verwalterin des englischen Volkswillens, Dienerin einer nationalen Mission; sie hat den Zug der Zeit verstanden, der vom Autokratischen ins Konstitutionelle führt. Freiwillig erkennt sie die neuen Kräfte an, die aus der Umformung der Stände, aus der Weltraumerweiterung durch die Entdeckungen sich entwickeln, sie fördert alles Neue, die Gilden, die Kaufleute, die Geldleute und selbst die Piraten, weil sie England, ihrem England, die Vorherrschaft über die Meere anbahnen. Unzählige Male bringt sie (was Maria Stuart niemals tut) ihre persönlichen Wünsche dem allgemeinen, dem nationalen Wohl zum Opfer. Denn immer ist es beste Rettung aus innerer Not, wenn sie sich ins Schöpferische wendet; aus ihrem Unglück als Frau hat

BIOGRAFIE
WORT- UND SACHERKLÄRUNGEN
MATERIALIEN

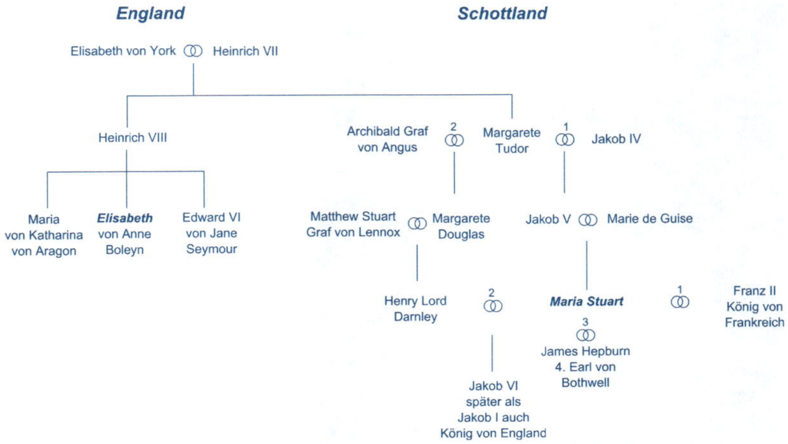

Die Verwandtschaftsverhältnisse zwischen Maria Stuart und Elisabeth

Elisabeth das Glück ihres Landes gestaltet. Ihren ganzen Egoismus, ihre ganze Machtleidenschaft hat die Kinderlose, die Männerlose ins Nationale umgestaltet; groß vor der Nachwelt zu sein durch Englands Größe, war die edelste ihrer Eitelkeiten, und nur diesem kommenden größeren England hat sie wahrhaft gelebt. Keine andere Krone konnte sie locken (während Maria Stuart begeistert die ihre gegen jede bessere tauschen würde), und indes jene in der Gegenwart, in der Stunde großartig aufglühte, hat sie, die Sparsame, die Weitblickende, ihre ganze Kraft der Zukunft ihrer Nation geweiht.

Es war kein Zufall darum, dass sich der Kampf zwischen Maria Stuart und Elisabeth zugunsten der fortschrittlichen und weltgewandten und nicht der rückgewandten und ritterlichen Königin entschied; mit Elisabeth siegte der Wille der Geschichte, der vorwärtsdrängt, der die abgelebten Formen wie leere Schalen hinter sich schleudert und seine Kraft in immer anderen schöpferisch versucht. In ihrem Leben verkörpert sich die Energie einer Nation, die ihre Stelle im Weltall erobern will, in Maria Stuarts Ende stirbt nur prächtig und heldisch eine ritterliche Vergangenheit. Aber dennoch erfüllt jede in diesem Kampfe vollendet ihren Sinn: Elisabeth, die Realistin, siegt in der Geschichte, Maria Stuart, die Romantikerin, in Dichtung und Legende.

Stefan Zweig: *Maria Stuart.* Frankfurt am Main: S. Fischer Verlag, 1967, S. 92–94.

Die Hinrichtung einer Königin und viele offene Fragen (Rüdiger Safranski, 2004)

Bereits 1783, nach Beendigung von *Kabale und Liebe*, plante Schiller ein Drama über die schottische Königin Maria Stuart, die in England auf dem Schafott starb. Das Schicksal der schönen und leidenschaftlichen Frau hatte seit zwei Jahrhunderten die Fantasie der Dichter und Dramatiker beschäftigt. Maria Stuart, in Schottland geboren, in Frankreich katholisch erzogen und mit dem künftigen französischen König verheiratet, war nach dem frühen Tod ihres Mannes in ihr schottisches Königreich zurückgekehrt. Als Urenkelin Heinrichs VII. konnte sie legitime Ansprüche auch auf den englischen Thron erheben. Das musste zur erbitterten Feindschaft mit Elisabeth, der englischen Königin, führen. Marias Regierungszeit in Schottland endete im Aufruhr. Man warf ihr vor, ihren Liebhaber zum Mord am zweiten Ehemann angestiftet zu haben. Maria flüchtete sich nach England, wo man sie, auf Veranlassung Elisabeths, sogleich verhaftete. Sie wurde zuerst des Gattenmordes angeklagt, aber nicht verurteilt. Doch sie blieb in Haft. Erst als man ihr eine Verschwörung gegen die englische Krone glaubte nachweisen zu können, wurde sie zum Tode verurteilt. Nach einigem Zögern unterzeichnete Elisabeth das Urteil, das daraufhin ungesäumt am 18. Februar 1587 vollstreckt wurde. Viele Fragen blieben offen. Hatte Maria wirklich ihren zweiten Ehemann vom Liebhaber ermorden lassen? Hatte sie wirklich eine Verschwörung gegen die englische Königin ins Werk gesetzt? Auch die Unterschiedlichkeit der beiden Frauen, Maria und Elisabeth, weckte die Fantasie: auf der einen Seite die impulsive, verführerische Maria, selbstbewusst bis zur Tollkühnheit; auf der anderen Seite Elisabeth, vorsichtig berechnend, staatsklug, vielleicht auch eifersüchtig auf die weibliche Anziehungskraft ihrer Gegenspielerin. Und dann gab es noch den Religionsgegensatz im Streit der Parteien. Die einen verehrten in Maria die katholische Märtyrerin, die anderen lobten an Elisabeth, dass sie England vor dem Papismus bewahrt habe. (...)

Rüdiger Safranski: *Schiller oder Die Erfindung des Deutschen Idealismus.* München: Carl Hanser Verlag, 2004, S. 473 f.

Zur Entstehung

Die Entstehungsgeschichte des Stücks lässt sich dank des Briefwechsels mit Goethe einigermaßen genau rekonstruieren. Dabei wird klar, dass Schiller in dem Umstand, dass das Ende seiner Protagonistin von Anfang an festgelegt und auch bekannt war, die Besonderheit seines Trauerspiels sah. Auch wollte er seine titelgebende Protagonistin durchaus nicht als reine Sympathieträgerin anlegen, vielmehr sollte sie die Gunst des Zuschauers erst im Verlauf des Stücks gewinnen. Aus den Dokumenten zur Entstehungsgeschichte wie etwa Schillers Brief an den Theaterdirektor Iffland wird deutlich, wie gewagt es seinerzeit war, auf der Bühne religiöse Rituale wie das Beichtsakrament darzustellen.

Aus den Briefen an Goethe (Friedrich Schiller, 1799)

Jena, den 26. April 1799.

Die Zerstreuungen, die ich in Weimar erfahren, klingen heute noch bei mir nach und ich kann noch zu keiner ruhigen Stimmung kommen. Indessen habe ich mich an eine Regierungsgeschichte der Königin Elisabeth gemacht und den Prozess der Maria Stuart zu studieren angefangen. Ein paar tragische Hauptmotive haben sich mir gleich dargeboten und mir großen Glauben an diesen Stoff gegeben, der unstreitig sehr viele dankbare Seiten hat. Besonders scheint er sich zu der Euripidischen[1] Methode, welche in der vollständigsten Darstellung des Zustandes besteht, zu qualifizieren; denn ich sehe eine Möglichkeit, den ganzen Gerichtsgang zugleich mit allem Politischen auf die Seite zu bringen und die Tragödie mit der Verurteilung anzufangen. Doch davon mündlich und bis meine Ideen bestimmter geworden sind. (…)

Wollten Sie die Güte haben und gegen beiliegende Scheine die notierten Werke aus der Bibliothek für mich holen und durch das Botenmädchen senden lassen. Camden habe ich schon mitgenommen, aber den Schein vergessen zurückzulassen. Wenn Sie mir, etwa aus der Sammlung des

1 Euripides (ca. 480–406 v. Chr.), griech. Dramatiker.

Herzogs, den Genzischen Historischen Kalender, der das Leben der Maria Stuart enthält, verschaffen könnten, so wäre mir's sehr angenehm. Verzeihen Sie, dass ich Ihnen diese Mühe verursache. (...)

Johann Wolfgang Goethe: *Briefwechsel zwischen Schiller und Goethe in den Jahren 1794 bis 1805.* (Münchner Ausgabe, Bd. 8.1.) Hrsg. v. Manfred Beetz. München: Carl Hanser Verlag, 1990, S. 691.

Jena, den 4. Juni 1799.

(...) Ich habe mich nicht enthalten können, weil das Schema zu den ersten Akten der *Maria* in Ordnung und in den letzten nur noch ein einziger Punkt unausgemacht ist, um die Zeit nicht zu verlieren, gleich zur Ausführung fortzugehen. Ehe ich an den zweiten Akt komme, muss mir in den letzten Akten alles klar sein. Und so habe ich denn heute, den 4. Juni, dieses Opus mit Lust und Freude begonnen, und hoffe, in diesem Monat schon einen ziemlichen Teil der Exposition zurückzulegen. (...)

Ebd., S. 698 f.

Jena, den 18. Juni 1799.

(...)

Gegen meinen Fleiß verschwört sich diesen Sommer vieles. Ich erwarte in etwa acht Tagen meine Schwester mit meinem Schwager, dem Bibliothekar Reinwald aus Meiningen hier; meiner Schwester gönne ich diese Zerstreuung gern, aber mit dem Schwager weiß ich nichts anzufangen, der wird mir wohl sechs Tage wie ein Klotz angebunden sein.

Unter diesen Umständen kann ich freilich nicht, wie ich gedacht, bis zum Ende meines ersten Akts vor Ihrer Hieherkunft gelangen. Aber vorwärts ging es doch bis jetzt immer, und *nulla dies sine linea [lat. kein Tag, ohne eine Zeile zu schreiben]*. Ich fange schon jetzt an, bei der Ausführung, mich von der eigentlich *tragischen* Qualität meines Stoffs immer mehr zu überzeugen, und darunter gehört besonders, dass man die Katastrophe gleich in den ersten Szenen sieht, und indem die Handlung des Stücks sich davon wegzubewegen scheint, ihr immer näher und näher geführt wird. An der Furcht des Aristoteles fehlt es also nicht und das Mitleiden wird sich auch schon finden.

Meine Maria wird keine weiche Stimmung erregen, es ist meine Absicht nicht, ich will sie immer als ein physisches Wesen halten, und das Pathetische muss mehr eine allgemeine tiefe Rührung, als ein persönlich(es) und individuelles Mitgefühl sein. Sie empfindet und erregt keine Zärtlichkeit, ihr Schicksal ist nur, heftige Passionen zu erfahren und zu entzünden. Bloß die Amme fühlt Zärtlichkeit für sie. (…)

Ebd., S. 705 f.

Jena, den 16. August 1799.

(…) In meiner dramatischen Arbeit geht es noch immer frisch fort und wenn nichts dazwischen kommt, so kann ich vor Ende Augusts den Zweiten Akt zurückgelegt haben. Im Brouillon [Entwurf] liegt er schon da. Ich hoffe, dass in dieser Tragödie alles theatralisch sein soll, ob ich sie gleich für den Zweck der Repräsentationen etwas enger zusammenziehe. Weil es auch *historisch* betrachtet ein reichhaltiger Stoff ist, so habe ich ihn in historischer Hinsicht auch etwas reicher behandelt und Motive aufgenommen, die den nachdenkenden und instruierten Leser freuen können, die aber bei der Vorstellung, wo ohnehin der Gegenstand sinnlich dasteht, nicht nötig und wegen historischer Unkenntnis des großen Haufens [des breiten Theaterpublikums] auch ohne Interesse sind. Übrigens ist bei der Arbeit selbst schon auf alles gerechnet, was für den theatralischen Gebrauch wegbleibt und es ist durchaus keine eigne Mühe dazu nötig wie beim *Wallenstein*. (…)

Ebd., S. 741 f.

Jena, den 3. September 1799.

(…) Ich werde nun in meiner dramatischen Arbeit eine Zeit lang pausieren müssen, wenn noch an den Almanach gedacht werden soll. Der Abschnitt ist auch schicklich, ich habe die Handlung bis zu der Szene geführt, wo die beiden Königinnen zusammenkommen. Die Situation ist an sich selbst moralisch unmöglich; ich bin sehr verlangend, wie es mir gelungen ist, sie möglich zu machen. Die Frage geht zugleich die Poesie überhaupt an und darum bin ich doppelt begierig, sie mit Ihnen zu verhandeln.
Ich fange in der *Maria Stuart* an, mich einer größern Freiheit oder vielmehr Mannigfaltigkeit im Silbenmaß zu bedienen, wo die Gelegenheit es rechtfertigt. Diese Abwechslung ist ja auch in den griechischen Stücken und man muss das Publikum an alles gewöhnen. (…)

Ebd., S. 753.

Schiller liest *Maria Stuart* in seiner Weimarer Wohnung vor (Amalie von Voigt, 1823)

Schiller mochte sich schon lange mit der Idee herumgetragen haben, die Geschichte der Maria Stuart dramatisch zu bearbeiten, wie sich dies aus abgerissenen Bemerkungen schließen ließ; ernstlich aber legte er erst nach Vollendung des *Wallenstein* Hand ans Werk, und zwar mit großem Eifer, sodass er früher als mit irgendeinem anderen seiner Meisterwerke damit fertig wurde. Und doch klagte er über die vielen Störungen, die ihn mitten in seinen Arbeiten unterbrächen, worunter die lästigen Besuche unbedeutender, ihn gleich einem Wundertier angaffenden Fremden keines der kleinsten Übel waren. Er pflegte öfters im Scherze zu sagen, er wünsche, dass ein Potentat ihm Gefährliches zutraute und ihn einige Monate lang auf einer Bergfeste mit schöner Aussicht einsperrte, jedoch auf den Wällen herumspazieren und übrigens ihm nichts abgehen ließe: Da sollten Werke so recht aus einem Guss entstehen, an denen sich der Verfasser und Mit- und Nachwelt erfreuen könnten.

Die vier ersten Akte der *Maria Stuart* waren fertig. Ehe Schiller noch an den fünften ging, wollte er sich einer ihm genügenden Elisabeth versichern, indem ihm für die Darstellung dieser Rolle mehr bangte, als für die der Maria. Er lud daher eine kleine Gesellschaft, unter der sich Demoiselle Jagemann befand, oder vielmehr diejenige war, auf die er es abgesehen, zu sich ein, die fertigen vier Aufzüge vorlesen zu hören. Er hatte damals schon, auf dringende Vorstellung von Ärzten und Freunden, der schädlichen Gewohnheit entsagt, erst nach Sonnenaufgang sich zur Ruhe zu legen und die Nächte der Arbeit zu widmen; aber es ging ihm damit wie vielen anderen, die ungern eine Lieblingsneigung aufgeben; er ergriff begierig jede Veranlassung, die ihm einen Vorwand lieh, zu der alten Sitte zurückzukehren und sich deshalb doch bei sich selbst rechtfertigen zu können. Die Vorlesung sollte zeitig beginnen, um fünf Uhr war auch die ganze Gesellschaft bis auf ein einziges Glied beisammen; Schiller aber bestand darauf zu warten, unterhielt so angenehm und geistreich und war so herzlich vergnügt, dass man wohl gestehen musste, für das Harren mehr als entschädigt zu sein. Endlich erschien der Zögernde, man bestürmte ihn mit Vorwürfen, er verantwortete sich aber dadurch, dass er die Schuld auf Schillern wälzte, der ihn erst zum Abendessen eingeladen habe, und wirklich konnte dieser sich nicht ganz von dem Vorwurf reinigen, als habe er mit Vorbedacht die Einladung so zweideutig gestellt, um das Vorlesen erst spät zu beginnen. Bis zum Essen sei die Zeit nun offenbar zu kurz, meinte Schiller; nach Tische gäbe es keine Unterbrechung mehr, und so wäre es

BIOGRAFIE
WORT- UND SACHERKLÄRUNGEN
MATERIALIEN

ratsamer, erst dann anzufangen. Als man einstweilen doch etwas Näheres über die Anlage des Stückes wissen wollte, verweigerte er es lächelnd, um den Eindruck nicht zu schwächen; bloß so viel gestand er ein, dass er seine Maria nicht schuldlos genommen, weil eine ganz engelreine Heldin ihm untragisch vorkomme. Später, bei dem Lesen selbst, sagte er, es habe ihm der Sache angemessener geschienen, gleich zu Anfange die Schuld, welche auf Marien laste, kundzumachen; im Verfolg des Stückes verringere sich dann immer mehr und mehr ihr Vergehen und zuletzt stehe sie fast makellos da, statt dass es eine unziemliche Wirkung tun würde, wenn erst nach und nach ihr Vergehen an den Tag komme; man dürfe nicht lange in Ungewissheit bleiben, was in den Beschuldigungen ihrer Feinde Verleumdung, was Wahrheit sei.

Ein fröhliches Gespräch, das Schiller trefflich zu beleben und zu leiten wusste, verlängerte das Verweilen bei Tische. Einige Fläschchen Konstanzia-Wein (die Gabe eines Buchhändlers, der Lust hatte, Schillers Verleger zu werden) wurden auf das Gelingen des Trauerspiels geleert, besonders auf das des fünften Aktes, vor dem sich Schiller ein wenig scheute. Unmittelbar nach dem Essen wollte er nicht lesen, und so nahte elf Uhr heran, ehe die Vorlesung begann. Rechnet man, dass die vier Aufzüge, ohne alle Weglassung (und es ist wahrscheinlich, dass im Druck noch hier und da etwas wegblieb) vorgelesen wurden und dass Unterbrechungen durch die Zwischenreden des kleinen Publikums, das seinem Entzücken über die herrlichen Dinge, die es vernahm, doch auch Worte geben wollte, nicht ausblieben, so wird man sich nicht wundern, dass die Mainacht noch während des Lesens zum Maimorgen wurde und die Gesellschaft erst beim Beginn der Morgenröte auseinanderging.

Schiller las stehend, zuweilen auf einem Stuhl kniend, nicht, was man eigentlich schön oder kunstgerecht nennt, woran ihn auch sein etwas hohles Organ hinderte, aber mit Begeisterung, mit Feuer, ohne Manier und Übertreibung, sodass er auch als Vorleser genügte, und seine Begeisterung die Zuhörer hinriss. Demoiselle Jagemann weigerte sich im Geringsten nicht, die Elisabeth darzustellen, zumal auch Schiller und die Übrigen es anschaulich machten, welche ungleich größere Kunstleistung es sei, die Elisabeth darzustellen, als die Maria, indem diese sich gewissermaßen von selbst spiele.

Damals wollte der Dichter die beiden Repräsentantinnen der Elisabeth und Maria miteinander in den Rollen wechseln lassen, bis er späterhin von der Unstatthaftigkeit dieses Planes überzeugt wurde, doch aber ungern davon abging. (…)

[Amalie von Voigt:] *Erste Aufführung der Maria Stuart in Weimar am 14. Juni 1800.* In: Schillers Persönlichkeit. Urtheile der Zeitgenossen und Documente gesammelt von Max Hecker und Julius Petersen. 3 Bände in einem Band. Hildesheim, New York: Georg Olms Verlag, 1976, Bd. III, S. 113–115.

Brief an den Schauspieler und Theaterdirektor Iffland (Friedrich Schiller, 1800)

Weimar, den 22. Juni 1800.

Ich übersende Ihnen hier die *Maria Stuart*, so wie sie auf unserm Theater vor acht Tagen gespielt worden ist. Möchte sie die gute Meinung verdienen, die Sie schon zum Voraus davon zu haben scheinen, und wovon Sie mir in Ihrem Briefe einen so entscheidenden Beweis gegeben.

Auf hiesigem Theater hat sie die Wirkung gemacht, wie ich sie wünschte. Sollte man auf dem Berliner Theater nicht so weit gehen dürfen, als ich in der sechsten Szene des fünften Akts gegangen bin, und hier in Weimar gehen durfte, so ist mit einigen Strichen geholfen, die ich Ihnen ganz überlasse.

Es würde mir große Freude machen, zu hören, dass Mad. Fleck die Maria und Mad. Unzelman die Elisabeth gespielt. Burleigh wünschte ich in keinen andern Händen als den Ihrigen zu sehen, wenn Sie nicht etwa mehr Neigung zu Shrewsbury haben.

Noch bitte ich zu verhindern, dass das Stück durch große Zwischenakte nicht verlängert werde. Hier hat es 3 und 1/4 Stunde lang gespielt, aber wenn sich Elisabeth zwischen dem zweiten und dritten Akt ganz umkleiden wollte, so würde das Stück um 20 Minuten unnötig verlängert. Mein Wunsch ist, dass sie bloß Mantel und Kopfputz ändere. Im fünften Akt ist alles, was zur Maria kommt, in Trauerkleidern. Burleigh und Shrewsbury sind durch das ganze Stück schwarz gekleidet. Haben Sie die Güte, mir nur mit ein paar Worten den richtigen Empfang des Manuskripts zu melden.

Mit aufrichtiger Freundschaft
Der Ihrige

Schiller.

PS: Weil mir alles daran liegt, dass Elisabeth in diesem Stück noch eine junge Frau sei, welche Ansprüche machen darf, so muss sie von einer Schauspielerin, welche Liebhaberinnen zu spielen pflegt, dargestellt werden. Hier habe ich sie der Jagemann gegeben, die sie recht gut darstellte. Maria ist in dem Stück etwa 25 und Elisabeth höchstens 30 Jahre alt. Dass die Rolle Melvils, so klein sie ist, in sehr guten Händen sein muss, werden Sie selbst finden. Ja, ich würde Sie selbst bitten, solche zu übernehmen, wenn sich kein anderer Schauspieler mit der gehörigen Würde dazu fände.

Schillers Werke. Nationalausgabe. 30. Band: Briefwechsel. Schillers Briefe 1798–1800. Hrsg. v. Lieselotte Blumenthal. Weimar: Hermann Böhlaus Nachfolger, 1961, S. 163 f.

Zum Verhältnis von historischer Realität und Dichtung

Dass Schiller, der selbst große historische Arbeiten vorgelegt hat (z. B. *Geschichte des Dreißigjährigen Kriegs*, 1790), sich als Dichter als relativ unabhängig gegenüber den historischen Fakten sah, macht seine oben bereits zitierte Abhandlung *Über die tragische Kunst* deutlich. Im Fall der *Maria Stuart*, bei dem der historische Ausgang, Elisabeths Urteil und Marias Hinrichtung, allgemein bekannt sind, sind zum einen Schillers Abweichungen von den geschichtlichen Fakten und natürlich die Gründe dafür interessant, wie etwa die deutliche Verjüngung seiner Protagonistinnen. Zum anderen verschiebt der Umstand, dass der Zuschauer den Ausgang des Stückes von Anfang an kennt, den Spannungsakzent vom Was (Was passiert?) auf das Wie (Wie kommt es dazu?).

Wie unhistorisch sind Schillers historische Dramen? (Gero von Wilpert, 2009)

Eine nur aus Sahne bestehende Sahnetorte wäre vermutlich ebenso ungenießbar wie hundertprozentiger Wodka, und mit den Geschichtsdramen verhält es sich ähnlich: Ein historisches Drama nur aus dokumentierten historischen Vorgängen würde sich bedenklich dem unkünstlerischen Dokumentartheater annähern. Schiller war jedoch nicht nur Historiker, sondern auch und vorwiegend Dichter und durfte sich poetische Freiheiten leisten, um die Historie zu poetisieren und den erstrebten Effekt auf das Publikum zu erhöhen. „Mit der Historie getraue ich mir bald fertig

BIOGRAFIE WORT- UND SACHERKLÄRUNGEN MATERIALIEN

zu werden, denn ich bin nicht [Fiescos] Geschichtsschreiber, und eine einzige große Aufwallung, die ich durch die gewagte Erdichtung in der Brust meiner Zuschauer bewirke, wiegt bei mir die strengste historische Genauigkeit auf." (*Zur Erinnerung an das Publikum*, 1784)

Die Kenntnis der zugrundeliegenden historischen Vorgänge ist für das Verständnis eines in sich schlüssigen Dramas nicht unumgänglich, doch sie bietet Einblicke in die Organisation des Dramas als Kunstwerk, in die eventuellen Schwerpunktverlagerungen und die Abänderung der Charaktere zu poetisch-dramatischen Zwecken. Wenn im Folgenden die wesentlichsten Abweichungen von der historischen Wahrheit in Schillers Geschichtsdramen aufgezeigt werden, so nicht, um das Geschichtsbild des Lesers/Zuschauers zurechtzurücken oder gar um dem Dichter Fehler, Ungenauigkeiten oder mangelnde Sachkenntnis nachzuweisen, sondern um Wege und Gründe der Umgestaltung von der historischen zur poetischen Wirklichkeit aufzuzeigen und Einblicke in die Arbeitsweise des poetischen Historikers zu bieten.

Schon Schillers erster Versuch auf dem Gebiet des historischen Dramas, *Die Verschwörung des Fiesco zu Genua* (1783), stellt die Frage nach seinem Verhältnis zur Geschichte und demonstriert, dass das historische Drama sich wenig um die überlieferten geschichtlichen Tatsachen scherte, die Schiller in seinen Quellen (...) vorfand. Sie waren für ihn weniger von Interesse als generell große Charaktere, ob Heroen oder Schurken. „Der Genueser Fiesco sollte zu meinem Fiesco nichts als den Namen und die Maske hergeben." (*Zur Erinnerung an das Publikum*, 1784)

(...)

Einen Exempelfall für die Abweichungen von der Historie (...) bietet *Maria Stuart* (1801) mit der Tendenz zur Privatisierung des Konflikts und zur gesteigerten Theatralik. Schiller studierte ausgiebig die Geschichte Schottlands und Maria Stuarts, um dann doch einer Anverwandlung des historischen Stoffes an Verhaltensweisen und Moralvorstellungen der bürgerlichen Gesellschaft um 1800 Raum zu geben. Er rechtfertigt seine sachlichen Änderungen gegenüber Goethe am 20. 8. 1799 mit der generellen Ansicht, es gelte „immer nur die allgemeine Situation, die Zeit und die Personen aus der Geschichte zu nehmen und alles Übrige frei zu erfinden, wodurch eine mittlere Gattung von Stoffen entstünde, welche die Vorteile des historischen Dramas mit dem erdichteten vereinigte". Weiter führte er aus, dass er „den poetischen Kampf mit dem historischen Stoff darin bestehen musste und Mühe brauchte, der Fantasie eine Freiheit über

Die Begegnung der Königinnen in einer Verfilmung aus dem Jahr 1986

die Geschichte zu verschaffen, indem ich zugleich von allem, was diese Brauchbares hat, Besitz zu nehmen suchte." (an Goethe, 19. 7. 1799)

Die am stärksten eingreifende Änderung ist hier die unhistorische Begegnung der Königinnen, die dennoch die Gipfelszene der Auseinandersetzung bildet. Um den hintergründigen erotischen Konflikt und die erotische Attraktivität der Königinnen zu steigern, hielt Schiller es für richtig, Maria auf 25 (statt 45) und Elisabeth auf höchstens 30 (statt 54) Jahre zu verjüngen, obwohl Maria als zehnjährige Witwe doch wohl eine etwas höhere Jugend zugeben müsste, um den Fanatismus des (frei erfundenen) Mortimer und ihre fiktive erotische Beziehung zu Leicester zu beglaubigen.

Unhistorisch ist schließlich die von Maria hier eingestandene Mitschuld an der Ermordung ihres zweiten Gatten Darnley ebenso wie ihre Unschuld am Attentat auf Elisabeth. Alle diese Änderungen dienen einer Verdichtung des Handlungsverlaufs und der Bündigkeit des Textes. (…)

Gero von Wilpert: *Die 101 wichtigsten Fragen: Schiller.* München: C. H. Beck Verlag, 2009, S. 124–129.

Was hat Schiller aus dem historischen Stoff gemacht? (Peter-André Alt, 2004)

Die Probleme bei der Strukturierung des Stoffs lagen jetzt auf einer anderen Ebene als im Fall der *Wallenstein*-Trilogie. Was diese im Übermaß bot, fehlte der *Maria Stuart*: die weit ausladende politische Aktion. Das Drama über die letzten Lebenstage der entmachteten Königin Schottlands, die von ihrer Tante Elisabeth seit 19 Jahren festgehalten und schließlich unter dem Verdacht, wiederholt Attentate gegen sie geplant zu haben, zum Tode verurteilt wird, bot lediglich eine an wüsten Verwicklungen reiche Vorgeschichte. So war Schiller genötigt, seinem Trauerspiel die notwendige Substanz durch die strikte Konzentration auf die beiden Widersacherinnen und deren zwielichtige Vergangenheit zu verschaffen. In mehreren Briefen erläutert er Goethe seine Konzeption, die darauf abzielt, die schottische Königin von Schuld partiell zu entlasten, ohne sie zur mustergültigen Heldin zu verklären: „Meine Maria wird keine weiche Stimmung erregen, es ist meine Absicht nicht, ich will sie immer als ein physisches Wesen halten, und das Pathetische muss mehr eine allgemeine tiefe Rührung, als ein persönliches und individuelles Mitgefühl sein. Sie empfindet und erregt keine Zärtlichkeit, ihr Schicksal ist nur, heftige Passionen zu erfahren und zu entzünden" (...). Als problematisch erweist sich zunächst die juristische Thematik, wie sie durch den Streit über die Befugnisse der in diesem Fall urteilenden englischen Richter bezeichnet ist, in dem Schiller eine „Tendenz zur Trockenheit" (...) erkennt, die er aber nicht aufheben möchte, da er den Rechtsdisput für ein fundamentales Element der frühzeitig sichtbar zu machenden tragischen „Katastrophe" hält (...).

Maria bleibt bei Schiller der aus aristotelischer Sicht ‚ideale' tragische Charakter: Schuldig ist sie in ihrer Rolle als untreue Ehefrau und Anstifterin zum Mord, während sie nun für ein Verbrechen, das sie nicht beging, schuldlos hingerichtet werden soll (die Quellen entlasten sie freilich so eindeutig nicht, wie es die Tragödie tut). Elisabeth wiederum gewinnt die Konturen der Herrscherin ohne Charisma (auch dieses gegen die geschichtliche Überlieferung); sie erscheint als überforderte Regentin, die vor ihrer Verantwortung flieht und am Ende die Folgen ihrer Inkonsequenz allein tragen muss: Im Zentrum der Macht bleibt sie schließlich als Gefangene ihres Amtes einsam und verbittert zurück. Wieder zeigt sich die Geschichte als Vollzugsorgan der Zerstörung, unter dessen unerbittlichem Gesetz niemand dauerhaft den Sieg erringen kann. Auch diejenigen, die wie Shrewsbury oder der nach Frankreich fliehende Leicester mit dem Leben davonkommen, versehen letzthin die Rolle der Verlierer, denen nichts bleibt als die Rettung der nackten Existenz.

Gegenüber den Quellen hat sich Schiller erhebliche Freiheiten erlaubt. Maria und Elisabeth werden entschieden verjüngt (sie zählten 1587 45 bzw. 54 Jahre), um die erforderliche erotische Attraktivität gewinnen zu

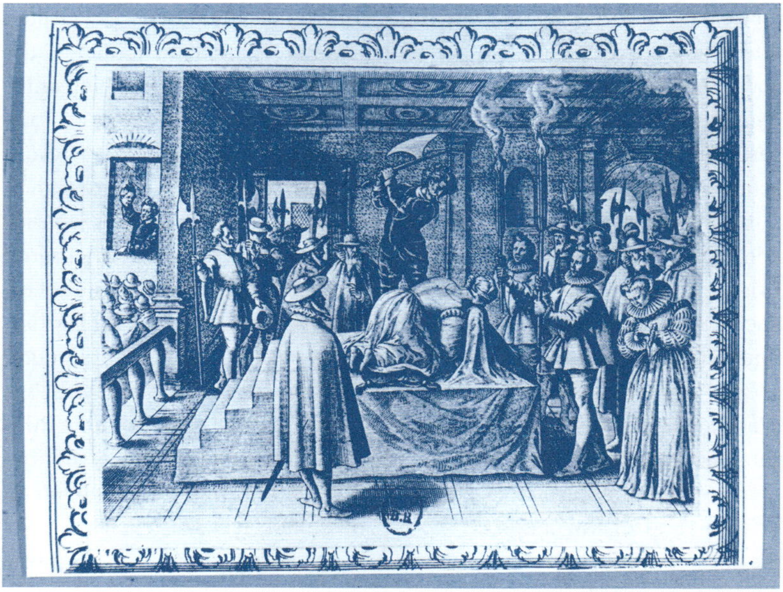

Maria Stuarts Hinrichtung am 8. Februar 1587, Kupferstich aus dem 17. Jh.
© picture-alliance/akg-images

können, die den dramatischen Konflikt entscheidend bestimmt (...). Während die historische Maria, die seit 1561 in Schottland regiert und 1568 nach einem gegen sie gerichteten (von Elisabeth heimlich unterstützten) Adelsaufstand in England um Exil ersucht hatte, zum Zeitpunkt ihrer Verurteilung bereits 19 Jahre als Staatsgefangene in der Gewalt Elisabeths ist, bleibt die Dauer ihrer Haft im Drama ungewiss. Die Mortimer-Figur ist ein Produkt der Fantasie (die von ihm projektierte Befreiungsaktion hatte der Herzog von Norfolk 1571 geplant), ebenso Leicesters Liebesbeziehung zur schottischen Königin und der Widerruf des Schreibers Kurl, der die Heldin moralisch entlastet, sowie das Abendmahl des Schlussakts, von dem die Historiker nichts berichten. Während Maria Stuart die Beteiligung an der Ermordung ihres zweiten Ehemanns Darnley, der 1566 durch Bothwell (ihren Sekretär und späteren dritten Ehemann) getötet wurde, stets leugnete, räumt Schillers Heldin ihre diesbezügliche Mitschuld ein. Umgekehrt ist sie im Drama, anders als es die Geschichtsschreibung darstellt, für das versuchte Attentat auf Elisabeth nicht verantwortlich (die Historiker sprechen von verräterischen Briefschaften, die man vor ihrer Überführung nach Fotheringhay im September 1586 aufgefunden hatte). Schiller hat Maria damit von aktuellen Vorwürfen entlastet und ihr einzig eine historische Schuld zugewiesen, die man zum Zeitpunkt ihrer Hinrichtung im Februar 1587 als verjährt betrachten konnte. Ihr Tod ist somit im Drama das Resultat eines politischen Unrechts, das wiederum den tragischen Anlass für ihre innere Läuterung bietet. (...)

Peter-André Alt: *Friedrich Schiller*. München: C. H. Beck, 2004, S. 96–98.

Die „tragische Qualität" des Stoffes (Rüdiger Safranski, 2004)

In einem Brief an Goethe vom 26. April 1799 schreibt Schiller: „Indes habe ich mich an eine Regierungsgeschichte der Königin Elisabeth gemacht und den Prozess der Maria Stuart zu studieren angefangen. Ein paar tragische Hauptmotive haben sich mir gleich dargeboten und mir großen Glauben an diesen Stoff gegeben, der unstreitig sehr viele dankbare Seiten hat." Welches die „tragischen Hauptmotive" sind, wird noch nicht recht deutlich. Einige Monate später kann er präziser benennen, was ihn an diesem Stoff fesselt, nämlich „dass man die Katastrophe gleich in den ersten Szenen sieht, und indem die Handlung des Stückes sich davon wegzubewegen scheint, ihr immer näher und näher geführt wird" (an Goethe, 18. Juni 1799).

Schiller hat sich also entschieden, nicht einen bunten, dramatischen Bilderbogen über das Leben und Sterben der Maria Stuart auf die Bühne zu bringen, sondern, ähnlich wie beim *Wallenstein*, die Stoffmassen durch die Konzentration auf die letzten Tage vor der Hinrichtung Marias zu beschränken. Die „Katastrophe" ist schon geschehen, das bedeutet: Der Schuldspruch ist gefällt, Maria zum Tode verurteilt, nur die Königin zögert noch, das Urteil zu unterschreiben und vollstrecken zu lassen. Im Gespräch mit der Amme werden die Verbrechen Marias – tatsächlich hat sie die Ermordung ihres Gatten gebilligt – rekapituliert, und Maria zeigt sich schuldbewusst und reuig. Sie ist eine Verwandelte, wenn sie zum ersten Mal auftritt. Die ‚wilde' Maria ist Vergangenheit. Doch bereits in den ersten Szenen wird auch deutlich, dass jene andere Anklage, derentwegen sie verurteilt wurde, nicht der Wahrheit entspricht: Sie hat nicht versucht, vom Kerker aus den Sturz oder gar die Ermordung Elisabeths zu veranlassen. Lediglich hat sie, was sie eingesteht, ihre Verbindungen zu den regierenden Häuptern in Europa benutzt, um die Freilassung aus der Kerkerhaft zu erwirken, was sie als ihr gutes Recht als Königin ansieht. Maria fühlt sich also schuldig eines Verbrechens, dessen sie in England aber nicht mehr angeklagt ist; und sie fühlt sich unschuldig in jenen Punkten, derentwegen sie angeklagt und verurteilt wurde. Noch ist sie nicht bereit, das ungerechte Urteil auf sich zu nehmen, um die andere Schuld zu sühnen; noch kämpft sie um ihr Leben. Jeder Schritt, den sie zu ihrer Rettung unternimmt, bringt sie ihrem Tod näher. Das ist die „tragische Qualität" des Stoffes, von der Schiller im Brief an Goethe vom 18. Juni 1799 spricht. Es ist diese grausame Ironie des Schicksals, die Schiller fasziniert. (...)

Rüdiger Safranski: *Schiller oder Die Erfindung des Deutschen Idealismus.* München: Carl Hanser Verlag, 2004, S. 474 f.

Deutung

Für Norbert Oellers gibt es gleich mehrere Gründe, warum sich gerade dieses Trauerspiel Schillers bis heute großer Beliebtheit erfreut. Was es mit dem religiösen Konflikt im Stück auf sich hat, erklärt der Schiller-Biograf Rüdiger Safranski. Für Peter-André Alt spielt Schiller mit seinem Stück auch auf die Hinrichtung der französischen Königin Marie Antoinette im Jahr 1793 an.

Gründe für die andauernde Wertschätzung des Trauerspiels (Norbert Oellers, 2005)

An der Wertschätzung des Trauerspiels hat sich in zwei Jahrhunderten nicht viel geändert. Es wurde und wird häufiger als andere Dramen Schillers auf die Bühne gebracht (Ausnahme: *Kabale und Liebe* und *Wilhelm Tell*), es gehört nach wie vor zum Kanon der Schullektüre, erfährt auch in der wissenschaftlichen Literatur besondere Aufmerksamkeit. Die Gründe für diese bemerkenswerte Nachwirkung liegen auf der Hand. 1. Kein anderes der Schillerschen Dramen scheint hinsichtlich der in ihnen behandelten historischen und weltanschaulichen Probleme so durchsichtig zu sein wie *Maria Stuart*: Zwei Königinnen, beide mit legitimen Ansprüchen auf den englischen Thron, setzen sich unter ungleichen Bedingungen miteinander auseinander; eine von ihnen, die schottische Königin Maria, katholischen Glaubens, muss unterliegen, damit das protestantische England weiter regiert werden kann und die Geschichte den bekannten Fortgang nimmt. 2. Die Argumente beider Seiten werden schon in den ersten Szenen gegeneinandergestellt, sodass es dem Rezipienten möglich ist, bei seiner Beurteilung des zu erwartenden (nie fraglichen, weil durch Titel und Untertitel signalisierten) Ausgangs mit den Begründungen des Dichters an jedem Punkt der Handlung zu wetteifern. 3. Die formale Gliederung des Stücks ist von geradezu klassischer Strenge: Der erste und fünfte Aufzug gehören im Wesentlichen der Titelheldin, der zweite und vierte ihrer Gegenspielerin; der dritte Aufzug, der Höhepunkt des Ganzen, führt beide Königinnen zusammen, demonstriert den moralischen Sieg Marias und begründet den physischen Triumph Elisabeths. 4. Das Trauerspiel ist reich an spannenden Konflikten im Einzelnen, führt nicht nur die Anhänger der beiden Lager geschlossen gegeneinander, sondern schafft auch Spannungen innerhalb der Gruppen, und einzelne Figuren erhalten ihre Eigenart durch Konflikte, die sie mit sich allein austragen. Dabei lenken die komplizierten Einzelschicksale kaum je von der stringenten Haupthandlung ab, und sie beeinträchtigen auch nie die Klarheit des Aufbaus. 5. Die Sprache gefällt durch die von Schiller immer müheloser erreichte Klarheit und ‚Simplizität'. Der Blankvers als klassisches Mittel poetischer Stilisierung entfernt von allem ‚Gemeinen' und bewirkt eine gehobene Stimmung, die über das bloße Interesse am Handlungsverlauf hinausführt. Daneben bedient sich der Dichter, wie schon im *Wallenstein*, des lyrischen Sprechens, wenn es darauf ankommt, in empfindsamen, durch die Hauptperson hervorgerufenen Situationen das Herz des Lesers oder Zuschauers zu affizieren.

Die Kritik, die zuweilen an dem Trauerspiel geübt wurde: dass es sich zu weit von der ‚wirklichen' Geschichte entferne, dass in ihm ein bedenklicher Hang Schillers zum Katholizismus offenbar werde und dass es Verstöße gegen die von ihm in seinen theoretischen Schriften erhobene Forderung gebe, der Tragödiendichter dürfe nicht das Mitleid mit einem zum tragischen Untergang bestimmten Helden schwächen – diese Kritik ist durchaus unangebracht. Da Schiller mit seinem Stück keinen Geschichtsunterricht erteilen wollte, stand es ihm frei, mit den überlieferten Fakten nach Belieben zu spielen und die Superiorität der Fantasie gegenüber dem Stoff zu behaupten. Da er an der Konfession seiner Heldin schwerlich etwas ändern konnte, ließ er sie zwar katholisch leben (beichten, kommunizieren) und katholisch sterben, aber damit war nicht eine Parteinahme für ihren Glauben verbunden; denn dem Dichter ging es nicht um den Triumph einer weltanschaulichen Position, ja nicht einmal um ein tragisches Einzelschicksal, sondern – ziemlich allgemein – um die Würde, um die

Erhabenheit eines in eine ausweglose Situation geratenen Menschen, der sich mit dem Tod belohnt sieht und diesen deshalb freudig annimmt, also keineswegs tragisch endet. Seine negative Einschätzung des ihm zeit seines Lebens fremden Katholizismus hat Schiller in der zu diesem Zweck von ihm erfundenen Figur des Mortimer deutlich zum Ausdruck gebracht. (...)

Norbert Oellers: *Schiller – Elend der Geschichte, Glanz der Kunst.* Stuttgart: Reclam, 2005, S. 230–232.

Marias Tod und der religiöse Aspekt im Stück (Rüdiger Safranski, 2004)

Maria, deren katholische Zugehörigkeit zuvor nur als politisches Faktum im Streit mit Elisabeth von Bedeutung war, entdeckt am Ende ihre religiösen Bindungen. Sie verlangt nach Beichte und Abendmahl. Es wird ihr gewährt – auf der Bühne. Das hat in Weimar und anderswo Ärger erregt. Man nahm Anstoß daran, dass Schiller sich nicht scheute, einen sakralen Akt aufs Theater zu bringen. Herder warf ihm Profanierung vor und der Herzog Geschmacklosigkeit. In Wien setzte man das Werk deshalb – und wegen der theatralischen Hinrichtung einer Königin, was Erinnerungen wachrief an die Exekution der Marie Antoinette – auf den Index. Es dürfte erst 1814 und nur mit zensurbedingten Veränderungen gespielt werden. Die Theatralisierung des Sakralen zeigt, wie weit Schiller sich inzwischen von der institutionellen Religion gelöst hatte. Für ihn war die Schaubühne selbst etwas Sakrales, dem sich das andere Sakrale einfügen ließ. Wenn Schiller eine Maria vorführt, die von sich selbst glaubt, dass sie Beistand im Himmel findet, so lässt er den Zuschauer darin etwas anderes entdecken als die Protagonistin glaubt: Maria ringt sich in Wirklichkeit zu einer inneren Freiheit durch, die es ihr erlaubt, Verantwortung für ihr Leben zu übernehmen, das ungerechte Urteil und den Tod als Sühne hinzunehmen und in einen Akt der Freiheit zu verwandeln. Wenn Maria gläubigen Herzens sich für ihr Schicksal verantwortlich fühlt, soll der Zuschauer darin den Triumph ihrer Freiheit entdecken. Und darum wird auch das Abendmahl in ein Spiel überführt, worin ein anderer als der herkömmliche Sinn waltet: Zelebriert wird das Mysterium der Freiheit. Maria befreit sich von den Gewalten ihrer Leidenschaft, es wird still, ruhig und klar in ihr, und sie gewinnt Gelassenheit, fast schon gelöste Heiterkeit. Für Schiller ist das der Augenblick der Freiheit, „wenn die Angst des Irdischen" von einem abfällt. So weit immerhin kommt Maria Stuart.

Wenn Schiller sich nicht davon abhalten lässt, das Abendmahl auf die Bühne zu bringen, wenn er also mit dem Sakralen spielt, dann stellt sich die

Frage, was denn in den letzten Jahren seine eigene Religion gewesen ist. Schiller war schon längst nicht mehr ein religiöser Mensch im Sinne einer kirchlichen Orthodoxie, weder einer protestantischen noch einer katholischen. Er glaubt nicht an den Gott der Bibel, nicht an die erlösende Wirkung von Christi Opfertod, nicht an die Auferstehung des Leibes und der Seele, nicht an die göttliche Weltschöpfung, nicht an das endzeitliche Weltgericht, nicht an Himmel und Hölle, nicht an die von der Kirche gespendeten Sakramente; die historischen, positiven Religionen waren viele Kulturleistungen, vom schöpferischen Geist der Menschen hervorgebracht; Ausdrucksformen des freien Wesens des Menschen, der seine unmittelbaren Lebensbedingungen transzendieren kann in Richtung auf einen umfassenden und tragenden Sinnzusammenhang. Für Schiller manifestierten sich diese schöpferischen Kräfte in der Vielfalt und dem Gestaltenwandel der historischen Religionen ebenso wie in der Moral und der Kunst. Sein Kriterium für Würde und Wert dieser Ausdrucksformen war die Freiheit. Er forderte das höhere Spiel des freien Geistes, eine Selbstermunterung der schöpferischen Kräfte. „Der höchste Genuss aber ist die Freiheit des Gemütes in dem lebendigen Spiel aller seiner Kräfte" (...).

Es gehört zu solchem Spiel, dass Formen geschaffen und wieder aufgelöst werden ohne dogmatische Fessel. Die Verwandlungskraft wird noch sinnfälliger in der Kunst als in der herkömmlichen Religion, die kraft ihres Offenbarungsanspruches rigorose Geltung und Verbindlichkeit einfordert. Schiller entzieht sich dem. In dem Distichon *Mein Glaube* von 1797 heißt es: „Welche Religion ich bekenne? Keine von allen, / Die du mir nennst! ‚Und warum keine?' Aus Religion" (...). Diese Religion, die alle übrigen relativiert, ist die ästhetische. Sie ist formbewusst und schafft Bilder, glaubt aber nicht an die absolute Wahrheit der Bilder. Aus dieser Perspektive erscheinen Religionen als Versuche, der Transzendenz ein bestimmtes Gesicht zu geben. Diese Gesichter aber dürfen nicht zur Fratze werden, und genau darin sah Schiller eine Gefahr. (...)

Selbstbestimmung, Freiheit, Sittlichkeit, Transzendieren, Fantasieren – schön und gut, aber da gibt es noch den Tod als Inbegriff der Endlichkeit menschlicher Existenz. Der Tod, diese große Bedrohung durch das Nichts, die Nichtigkeit und Vergeblichkeit. Von Maria Stuart, die gelassen in den Tod geht, heißt es: „Sie geht dahin, ein schön verklärter Geist." So erscheint sie denen, die zurückbleiben. Damit aber ist noch nichts gesagt über mögliche Unendlichkeit und Ewigkeit. Vielmehr gilt, was Schiller in der ergreifenden Klage *Nänie*, geschrieben während der Arbeit an *Maria Stuart*, in die Worte fasst: „Auch das Schöne muss sterben! Das Menschen

Maria Therese Futterknecht als Maria Stuart bei der Beichte in einer Probe für die Bad Hersfelder Festspiele 2014

und Götter bezwinget, / Nicht die eherne Brust rührt es des stygischen Zeus. / Siehe! Da weinen die Götter, es weinen die Göttinnen alle, / Dass das Schöne vergeht, dass das Vollkommene stirbt."
Was bleibt, stiften die Dichter. (...)

Rüdiger Safranski: *Schiller oder Die Erfindung des Deutschen Idealismus.* München: Carl Hanser Verlag, 2004, S. 478–480.

Maria Stuart und die Verkehrung der Zeremonie (Peter-André Alt, 2009)

Spezifische Formen eines Abdankungsrituals zeigt auch Schillers *Maria Stuart*, jedoch lanciert über Techniken indirekter Darstellung, in Modellen einer vermittelten Theatralität. Marias letzte Beichte und das Abendmahl der Titelheldin werden zum Gegenstand einer Inszenierung, die Machtlosigkeit symbolisiert und zugleich moralische Würde reflektiert. Marias Hinrichtung findet sich dagegen nur indirekt über das Medium des Botenberichts geschildert, erreicht freilich darin eine besondere dramaturgische Effektivität. Beide Sequenzen siedeln sich im Schlussakt der Tragödie an und bilden markante Punkte auf der abschüssigen Bahn, die Maria durch-

BIOGRAFIE WORT- UND SACHERKLÄRUNGEN MATERIALIEN

läuft. An ihnen wird der Weg der politischen Entmächtigung der Protagonistin sichtbar, den Schiller – Topoi des barocken Theaters wiederholend – im Prozess moralischer Ermächtigung antithetisch spiegelt.

Schillers Tragödie offenbart Formen ritueller Ordnung, in denen das Moment des Politischen zunächst in den Hintergrund tritt, jedoch als Bezugsfeld stets mitzudenken ist. Das erste Beispiel für eine solche Konstellation bildet der Beichtritus, dem sich Maria im letzten Akt gegenüber ihrem Vertrauten Melvil kurz vor der Hinrichtung unterzieht. Schiller zeigt zunächst die einzelnen Funktionen, die den Ritus im Sinne der katholischen Tradition gliedern: Melvil schlägt das Kreuz über der Delinquentin [Verbrecherin], nimmt das Eingeständnis ihrer irdischen Schuld entgegen, segnet sie, reicht ihr die Hostie, weiht den Weinkelch mit stillem Gebet und setzt ihn ihr an die Lippen. Der Ritus geht im theatralischen Raum der Bühne vonstatten, ohne dass Schiller ihn verändert; jedoch ist er durch seine Einbettung in die dramatische Handlung selbst Gegenstand einer ästhetischen Inszenierung geworden. Dass der Weimarer Superintendent Herder im Juni 1800 aus Anlass der bevorstehenden Premiere beim Herzog intervenierte, um sein Veto gegen die Aufführung der Beichtszene vorzutragen, belegt den provozierenden Charakter der gesamten Sequenz. „Der kühne Gedanke, eine Kommunion aufs Theater zu bringen, ist schon ruchbar geworden", so schreibt Goethe an Schiller, „und ich werde veranlasst, Sie zu ersuchen, die Funktion zu umgehen." Die Ästhetisierung des heiligen Ritus implizierte aus christlicher Perspektive zugleich eine Depotenzierung [Wertminderung] der sakralen Bedeutung, die im Abendmahl bezeichnet ist.

Auf Melvils Frage, ob sie „vor dem Gott der Wahrheit" ihre Schuld gestehen wolle, antwortet Maria: „Mein Herz liegt offen da vor dir und ihm." Die letzte Instanz, vor der die abgesetzte, gefangene und zum Tod verurteilte Königin sich zu rechtfertigen hat, ist der Herrscher im Himmel. Das Ritual vollzieht sich damit als Form einer Symbolisierung politischer Entmächtigung, als Veranschaulichung einer prinzipiellen Relativierung weltlicher Souveränität im Angesicht der letzten Dinge. „Gunst" und „Recht", die beiden Privilegien, die ihr Elisabeth willkürlich entzog, gewinnt Maria durch den Papst, Gottes irdischen Stellvertreter, zurück, wie Melvil ihr erklärt. Damit wird die Stunde ihres Todes zum Augenblick einer spirituellen *restitutio in integrum*, die der Logik der Märtyrertragödie korrespondiert. Die religiöse Zeremonie erhöht den Leib, dessen Zerstörung in der Exekution beschlossene Sache ist, indem sie ihm das Recht auf Würde verschafft, die – in Übereinstimmung mit Schillers Tragödientheorie der kantischen Periode – durch die Möglichkeit der moralischen Independenz

[Unabhängigkeit] gegeben ist. Maria kniet in der gesamten Beichtszene vor Melvil, so wie sie im Hinrichtungsritus vor dem Henker knien wird. Schillers kunstvolles szenisches Arrangement kontrastiert Leib und Ewigkeit, politischen Machtverlust und moralisch-geistliche Ermächtigung in einem Spiel des Ritus, der die Zumutung des Todesurteils in der verklärenden Erhöhung der Märtyrerin auslöscht.

In Übereinstimmung mit dem aristotelischen Grässlichkeitsverdikt zeigt Schiller uns Marias Hinrichtung in der elften Szene des Schlussakts nicht direkt, sondern nur über einen Botenbericht vermittelt. Leicester, dessen halbherzige Rettungsmanöver gescheitert sind, wird hier zum Ohrenzeugen der Exekution, nachdem Maria von Burleigh und dem Sheriff vor seinen Augen zum Schafott geführt worden ist. Das Vorbild für Leicesters Bericht fand Schiller in William Robertsons *History of Scotland* (1759), dessen 1762 erschienene deutsche Übersetzung er schon im Winter 1782/83 in Bauerbach gelesen hatte. Robertson beschrieb nicht ohne literarischen Wirkungsanspruch, wie sich Maria Stuart entkleiden lassen musste, ehe sie ihr Haupt auf den Richtblock legte. Schiller greift die Detailangaben seines Quellenautors auf, wenn er Leicester vor der verschlossenen Tür stehend, die ihn vom Schauplatz der Hinrichtung trennt, allein auf akustische Eindrücke gestützt schildern lässt, was sich dem Auge des Zuschauers entzieht. Gerade diese Dramaturgie des Entzugs erweist sich als literarisch höchst effektiv, denn sie löst das umgekehrte Ritual der Devestitur [Entziehung der Amtswürde] im Medium des Berichts in eine Serie von prägnanten Einzelmomenten auf: „Laut betet sie – / Mit fester Stimme – Es wird still – Ganz still! / Nur schluchzen hör ich, und die Weiber weinen – / Sie wird entkleidet – Horch! Der Schemel wird / Gerückt – Sie kniet aufs Kissen – legt das Haupt –". Die Steigerungsbewegung der Rede bleibt auf die Form des Rapports [Berichts] beschränkt und damit jenseits des Theaters angesiedelt. Was diese Form der Schilderung zum Ausdruck bringt, entspricht der Umkehrung des höfischen Zeremoniells, die in der Devestitur Marias vonstattengeht; an den Platz der Macht tritt der Tod, an die Stelle der Bühnenhandlung die Erzählung.

Die Devestitur der Königin bezeichnet das Gegenbild zur Investitur [Einsetzung in ein Amt], die Hinrichtung die Kontrafaktur [eigentl. geistliche Nachdichtung eines weltlichen Liedes] zur Einsetzung der Herrscherin. Der Akt der Devestitur galt seit dem Spätmittelalter als juristisch verbindlicher Vorgang, in dessen Verlauf der Würdenträger seine Machtinsignien niederlegen musste. Das ursprünglich aus dem Kirchenrecht stammende und allein auf die Funktionsenthebung von Klerikern bezogene Verfahren der *degradatio actualis* [Bestrafung eines Geistlichen durch Ausstoßung aus dem geistlichen Stand] übertrug man, wie wir durch die Forschungen Walter Paters wissen, seit dem 15. Jahrhundert auch auf den politischen Bereich. Die großen Abdankungsdramen der elisabethanischen Ära – Marlowes *Edward II* (1594) und Shakespeares *Richard II* (1597) – greifen diese Bedeutung auf, wenn sie das Ablegen die Krone und das Abtreten der kostbaren Kleidung als verkehrten Ritus inszenieren. Bei Marlowe pervertiert der resignierende Herrscher den Inthronisationsakt, indem er die Krone im Wechsel auf- und wieder absetzt, um zu demonstrieren, dass er den ‚vergänglichen Prunk der Macht' („this transitory pomp") für nichtig hält. Shakespeares Richard wiederum erklärt: „For I have given here my soul's consent / T' undeck the pompous body of a king; / Made glory base and sovereignty a slave, / Proud majesty a subject, state a peasant." Wo der politische Körper des Königs nur noch ein Zeichen für leeren Prunk ist, kann auch die Zeremonie, in der er sich einkleidet, nicht mehr als symbolisch bedeutender Vorgang gewertet werden. In Schillers Text offenbart Leicesters Schilderung denselben Doppelsinn der Devestitur, wenn er ihre Bedeutung als Akt der inhaltlichen und formellen Entleerung eines Herrschaftsrituals im Medium der nicht-theatralischen Berichtsform ausweist.

Gerade die Degradierung der Königin deutet auf den eigentlichen historischen Referenzpunkt, den Schillers Trauerspiel anpeilt: die Beziehung zwischen dem Schicksal Marie Antoinettes und dem Untergang Maria Stuarts. Klare Parallelen offenbart zumal die Vorgeschichte, bezichtigte man doch die schottische wie die französische Königin öffentlich eines unsittlichen Lebenswandels, der indirekten Beteiligung an Verbrechen und Betrug ebenso wie des Hochmuts und der Maßlosigkeit. Schillers Drama zeigt in der durch Leicesters Mauerschau vermittelten Devestitur die historische Parallele zwischen Maria Stuart und Marie Antoinette sehr deutlich, denn auch die französische Königin wurde ihrer Machtinsignien entkleidet und, wie man dem zeitgenössischen Bericht des „Moniteur universel" vom 27. Oktober 1793 entnehmen konnte, einer gewöhnlichen Verbrecherin gleich zur Hinrichtung gefahren. Walter Pater hat im Hinblick auf die Devestitur von einem ‚invertierten Ritus' gesprochen, dessen symbolischer Gehalt die formale wie inhaltliche Umkehrung des ursprünglichen Akts bedeute. Eben diese Dimension macht Schillers Text geltend, indem er die Symbolik der Entkleidung und Hinrichtung als verkehrtes Ritual zeigt. Die Kontrafaktur ist auf zwei Ebenen angesiedelt; zum einen bezeichnet die Entkleidung eine Inversion [Umkehrung] der Investitur, zum anderen markiert die szenische Unsichtbarkeit des im Medium der

Teichoskopie übermittelten Degradierung eine Aufhebung der Theatralität des Einsetzungsritus. Leicesters eindrücklicher Bericht substituiert die Bühne als Raum der rituellen Prachtentfaltung und stellt an seinen Platz das einfache Wort, das die Einbildungskraft in Bewegung zu bringen hat. Indem er die bühnenästhetische Dimension der Szene aufhebt, findet er die angemessene Form für einen Akt, der als umgekehrter – invertierter – Ritus der Herrschaftsimplementierung gelten kann.

Die Französische Revolution, auf deren Hinrichtungsverfahren die Schilderung der Szene V. 10 Bezug nimmt, inszenierte bekanntlich nicht nur Ikonoklasmen [Bilderstürme], sondern auch Kontrafakturen, Umschichtungen von Bildformen und Symbolen. August von Kotzebues Komödie *Der weibliche Jakobiner-Klubb* (1792) zeigt diese Tendenz im Licht der historischen Situation kurz nach der Flucht Ludwigs XVI. im Juni 1791. (…) Ähnlich wie Kotzebue im Rahmen seiner halbherzigen Jakobiner-Satire beleuchtet Schiller in der Exekutionsschilderung Leicesters ein verkehrtes Ritual. Die Kontrafaktur von Investitur und Inthronisation, die sich hier vollzieht, zielt dabei offenkundig auf den aktuellen Zeitbezug, die politische Situation nach der Hinrichtung Ludwigs XVI. Die Revolution, so formulierte Fichte 1793, sei „ein reiches Gemälde über den großen Text: Menschenrecht und Menschenwert." Fichtes Metaphorik bezeichnet einen Vorgang, in dem das historische Geschehen zum Bild wird, dessen Einzelmotive der Interpret selbst zu einer Textur zusammensetzen muss. Als Bild ist die Geschichte auch in Schillers Drama nicht dynamisches Kontinuum, sondern Folge von Zeichen, die sich im Tableau verdichten. Dieser Struktur korrespondiert die Schilderung der Hinrichtung, die den Ereignissinn der Geschichte in der ästhetischen Struktur – über die Beschreibung kontrafaktischer Zeremonien – ins Bild bannt. Indem Schiller die narrative Darstellung im entscheidenden Moment des Trauerspiels an den Platz des Theaters setzt, findet er eine doppelte Form, in der er dem aristotelischen Grässlichkeitsverdikt ebenso Rechnung trägt wie der Dialektik einer Entmächtigungszeremonie, die Pracht durch moralische Würde substituiert. Das gesprochene Wort jenseits des Ritus war das angemessenste Medium, das diesen unerhörten Vorgang reflektieren konnte. (…)

Peter-André Alt: *Der König weint. Das Scheitern höfischer Macht-Rituale in Friedrich Schillers politischen Dramen.* In: literaturkritik.de, Nr. 11/2009, abrufbar unter: https://literaturkritik.de/id/13609 (Stand: September 2019).

Die Ausweglosigkeit der Geschichte (Norbert Oellers, 2005)

Im Zentrum des Trauerspiels steht die Leidens- und Erlösungsgeschichte Marias, die das verdiente Purgatorium dank ihrer ‚edlen Haltung', ihrer Gottergebenheit und der daraus resultierenden Erhabenheit angesichts des Todes mit Erfolg beschreitet. Doch dies zu zeigen, war schwerlich des Dichters erklärte Absicht, der nicht wusste, ob es einen Gott gibt. Es ging ihm vorrangig um die Demonstration seiner Überzeugung, dass sich der Mensch in tiefstem Leid, in diesem Fall hervorgerufen durch Verfehlungen aus Leidenschaft, zur Würde emporläutern kann, wenn er das unvermeidliche Schicksal frei annimmt, ein Zeichen setzend für andere: Das objektive Unrecht wird als Chance zur Sühnung einer subjektiven und durch keine menschliche Instanz zu tilgenden Schuld begriffen. Doch bleibt der – so pompöse wie rührende – Schluss heikel, wenn sich nicht erweisen lässt, dass es Schiller um eine andere Tragik als die seiner Titelheldin zu tun war. Vieles spricht dafür, dass es ihm, dem Geschichtspessimisten, wieder, wie schon im *Wallenstein*, um die Ausweglosigkeit der Geschichte geht, die in diesem Fall, im Konflikt zweier Menschen gleichen (sehr hohen) Ranges, mit Notwendigkeit, wenn auch ‚ungerecht', einen von ihnen vernichtet. Wenn Maria überlebt hätte, wäre dies, allen ihren Beteuerungen zum Trotz, das Zeichen für Elisabeths Ende gewesen; denn die politischen Verhältnisse hätten gar nichts anderes erlaubt.

Es ist zuweilen mit guten Gründen gesagt worden, Elisabeth sei das Alter Ego Marias. In der Tat ist das Schicksal beider nicht weniger voneinander abhängig als das von siamesischen Zwillingen. Sie sind ähnlich in ihrer Verschiedenheit: Elisabeth leidet an ihrem Herrscheramt, wie Maria am Herrschen Vergnügen hat; Elisabeth meidet Intimität mit Männern, Maria sucht sie; Elisabeth ist ängstlich-introvertiert, Maria weltzugewandt-extrovertiert; Elisabeth ist protestantisch, Maria katholisch. (…)

Elisabeth ist in *Maria Stuart* so einsam wie Philipp II. in *Don Carlos*; aber sie ist so wenig tragisch wie dieser. Der Dichter, der nicht wie der Historiker (nach Friedrich Schlegels 80. Athenäum-Fragment) „ein rückwärts gekehrter Prophet" ist, bekräftigt seine Überzeugung, dass der eigentlich politische Stoff in historischen Untergängen zu finden sei, die durch ihre im Nachhinein, also aufgrund der eingetretenen Ereignisse feststellbare Notwendigkeit in dem schönen Schein der Kunst überführt werden müssen, um erträglich zu werden. Von der Realität des schönen Scheins lässt in *Maria Stuart* insbesondere die Titelheldin, die sich in der sicheren Erwartung ewiger Freuden freigemacht hat von den Fesseln ihrer irdischen Existenz und dadurch zur Würde gelangt ist, einen Anschein erkennen, als Widerschein des Möglichen im schönen Sprechen, während Elisabeth, die ganz Diesseitige, die Determination durch die real existierenden ‚Dinge', die Geschichte, erfährt und zu vermitteln sucht.

Es wäre, um die Modernität des Stücks zu sichern, nötig, nicht nur zu verdeutlichen (vor allem auf der Bühne), dass die in gewisser Weise idealistische Realistin Elisabeth der fraglos realistischen Idealistin Maria schroff entgegengestellt ist, sondern auch, dass jene ‚Wichtigeres' zu sagen hat als diese, etwa in ihrem großen Monolog nach der Begegnung mit der Gegnerin:

Sklaverei des Volksdiensts! Schmähliche
Knechtschaft – Wie bin ich's müde, diesem Götzen
Zu schmeicheln, den mein Innerstes verachtet!
Wann soll ich frei auf diesem Throne stehn!
(...).

Norbert Oellers: *Schiller – Elend der Geschichte, Glanz der Kunst.* Stuttgart: Reclam, 2005, S. 243–247.

Zur Rezeptionsgeschichte

Neben der als skandalös empfundenen Beichtszene war es vor allem die von Schiller erfundene Begegnung der beiden Königinnen, die schon die ersten Rezensenten des Stücks irritierte. Während sich im 19. Jahrhundert der Erfolg des Stücks vor allem einer entpolitisierten, auf die Psychologie der Hauptfiguren setzenden Darstellung verdankte, gewinnt aus heutiger Sicht *Maria Stuart* seine zeitlose Aktualität gerade aus der präzisen Darstellung von „Machtformen und Herrschaftsstrukturen", von politischem Opportunismus, fehlender Gewaltenteilung und staatlicher Willkür. Nicht zuletzt deshalb habe die Figur der Elisabeth, die am Ende doch die Entscheidung über Marias immer wieder aufgeschobene Hinrichtung fällt, ohne aber dafür verantwortlich sein zu wollen, im Lauf der Theatergeschichte des 20. Jahrhunderts zunehmend an Bedeutung gewonnen (Klaus

Jürgen Seidel). Diese Fokusverschiebung ein Stück weit weg von Maria Stuart, hin zur englischen Königin zeigt sich auch am Beispiel von zwei Inszenierungen aus jüngster Zeit (Schauspiel Frankfurt 2011, Inszenierung von Michael Thalheimer; Hamburger Ernst Deutsch Theater 2018, Inszenierung von Mona Kraushaar).

Warum müssen sich die Königinnen wie Fischweiber zanken? (Anonym, 1800)

[Marias] Erscheinen im Freien ist nach meinem Gefühl unstreitig die tragischste Szene im ganzen Stück. Die Unglückliche ist so begeistert durch diese augenblickliche Freiheit, dass sie im Übermaß ihrer Empfindungen dieselben im lyrischen Gewand ausdrückt. Diese kühne, neue Idee, in einem Trauerspiel eine lyrische Stelle einzuflechten, ist hier so vortrefflich angebracht, dass sich eines jeden Auge mit Tränen füllte.

Kurz darauf erscheinen nun die beiden Königinnen gegeneinander. (...)

Diese ganze Szene ist, was die Wahrheit betrifft, vortrefflich. Auch Königinnen sind ja Weiber und zwar so weibliche Weiber, als jede andere. Die Stufenfolge ist vortrefflich. Allein es fragt sich, ob diese ganze Unterredung die Forderung der Schönheit erfüllt? Der Zweck, warum der Dichter die beiden Königinnen zusammenbringt, war kein anderer als der, Elisabeth noch ein bestimmtes Motiv zu geben, das Todesurteil der Maria zu unterschreiben. Konnte dieses, sagt man nun, nicht auch erreicht werden, ohne dass sich die beiden Königinnen wie Fischweiber zankten? Ein Blick der Maria oder irgendeine andere Art konnte dies ja ebenso gut bewirken. Ich glaube, nein. Wenn die Elisabeth sehr stark gereizt werden sollte, so waren ihre Eitelkeit und ihr Thron die beiden vorzüglichsten Punkte, wo sie berührt werden musste. Hier mussten also das geschminkte Gesicht und der Bastard am stärksten treffen. Hätte sich Maria mehr gemäßigt, so wäre sie eine Heuchlerin geworden, denn sie war ein Weib, und zwar ein tief gekränktes Weib. Dieser Vorwurf, den man dem Stücke machte, möchte also wohl unbegründet sein. Weit gerechter möchte man die darauffolgende Szene tadeln, wo Maria die ausgelassenste Freude darüber bezeugt, dass sie der Elisabeth doch die Wahrheit derb gesagt hat. Hier wäre es wohl königlicher gewesen, wenn sich die Maria ruhig verhalten, weder ihre Reden bereut, noch sich auch so ausgelassen darüber gefreut hätte. Denn so tief auch dies aus der Natur des Weibes geschöpft ist, so ist doch diese Weiblichkeit für die Darstellung zu gemein und nicht veredelt genug. (...).

Zitiert nach: Christian Grawe (Hrsg.): *Friedrich Schiller – „Maria Stuart". Erläuterungen und Dokumente.* Stuttgart: Reclam, 2011 (RUB 16070), S. 136 f.

Anhaltende Aktualität – *Maria Stuart* im 20. Jahrhundert (Klaus Jürgen Seidel, 1991)

Aktuell ist diese *Maria Stuart*-Tragödie auch heute, denn sie zeigt Einsichten, Verhaltensmuster und politische Vorgänge, die auch im 20. Jahrhundert nicht unbekannt sind. So zum Beispiel die Tatsache, dass relativ unabhängige Männer ihre religiösen und politischen Überzeugungen binnen weniger Jahre wie Hemden wechseln können, dass Personenkult das Rechtsdenken lahmlegt und dass Gewaltenteilung im Staat notwendig ist, damit nicht eine willkürliche Gesetzgebung („Maria Stuart-Gesetz") die Unabhängigkeit der Justiz aufhebt, und dass Parlamentarismus und Verfassung im absolutistischen Herrschaftssystem schwach und läppisch sind.

Diese Einsichten in Machtformen und Herrschaftsstrukturen machen Schiller zum politischen Dichter. (…) Die Uraufführung der *Maria Stuart* war dann am 14. Juni 1800 am Weimarer Hoftheater unter Schillers Regie. Die erste Buchausgabe erfolgte ein Jahr später. Lange Zeit war auf der Bühne die Maria Stuart-Figur die dominierende Rolle. Im 20. Jahrhundert wuchs dann auch die Elisabeth als ebenbürtige Gegenspielerin zu darstellerischer Größe heran. Höhepunkt des Dramas ist stets die Auseinandersetzung der beiden Königinnen, und es ist wichtig, dass die beiden Rollen gleichwertig und hochrangig besetzt werden. Berühmte „Königinnen" waren nach dem Krieg Joana Maria Gorvin und Elisabeth Flickenschildt (1952 in einer Jürgen Fehling-Inszenierung in Berlin), Paula Wessely und Käthe Dorsch (1956 am Wiener Burgtheater), Lola Müthel und Ruth Hausmeister im Deutschen Theater in München 1956, sowie Cornelia Froboess und Doris Schade 1979 an den Münchner Kammerspielen (Regie: Ernst Wendt). Als Doppelrolle empfand Ulrich Heising 1980 in Düsseldorf die beiden Königinnen und besetzte beide mit ein und derselben Schauspielerin, Christa Berndl.

Als *Maria Stuarda* kam das Drama Schillers auch auf die Opernbühne. Gaetano Donizetti schrieb diese nicht besonders erfolgreiche Oper, die 1834 in Neapel uraufgeführt wurde.

Klaus Jürgen Seidel: *dtv junior Schauspielführer.* München: DTV, 3. Aufl. 1996, S. 198 f.

Die unabwendbare Fratze der Gewalt – in Frankfurt skelettiert Michael Thalheimer Schiller (Esther Boldt, 2011)

Frankfurt, 12. März 2011. Weiß ist die Maske der Macht, grellrot leuchten ihre Lippen. In orangeroten Strähnen hängt ihr das Haar bis auf die Hüften, sie trägt ein hellgelbes Kleid mit langer Schleppe und einem Reifrock,

BIOGRAFIE WORT- UND SACHERKLÄRUNGEN MATERIALIEN

der vielmehr als Abstandhalter dient und zur Stütze der regierungsmüden Hand. In Michael Thalheimers *Maria Stuart* ist Königin Elisabeth von Anfang an eine Gezeichnete, eine Gefangene ihrer Macht und ihres Status. Eine clowneske Lachfigur, die um ihre Würde ringt, abhängig von der Gunst des wankelmütigen Volkes ebenso wie von ihren Beratern, die sie umschwirren wie die Schmeißfliegen und doch nur auf ihren eigenen Vorteil bedacht sind. Bitter tropfen Stephanie Eidt die Worte aus dem Mund, sauer röhrt und ruft sie: „Die Könige sind nur Sklaven ihres eigenen Standes!"

Die gewaltige Bühne des großen Hauses im Schauspiel Frankfurt ist zweigeteilt. Rechts von einer meterhohen schwarzen Mauer marschiert Maria Stuart auf, Königin von Schottland, links Elisabeth, Königin von England. Im ersten Aufzug steht Elisabeth ungerührt da, die Linke am Rock, die Rechte im Schoß, und wird zur stummen Ohrenzeugin dessen, was auf der anderen Seite der Wand geschieht. Ebenso wird später Maria Stuart (Valery Tscheplanowa) den Ränkespielen im Palast lauschen, in ihrem schlichten grauen Kleid schräg an die Wand gekippt. So wird jede Königin zur Zeugin des Schicksals der anderen.

In eine öde Leere haben Thalheimer und Bühnenbildner Olaf Altmann Schillers Parabelstück von der Ohnmacht der Mächtigen hineingestellt. Dieses Reich ist eine Wüste, in der ein eisiger Wind geht, verweht wie die metallischen Gitarrenriffs, die wieder und wieder erklingen. Schräges Licht grellt ins Dunkel und wirft lange Schatten. Schwarz und nackt liegen Wände und Decken, zwischen den Szenen schwenkt die Mauer um und räumt mal Stuarts Kerker mehr Raum ein, mal Elisabeths Palast.

Ihre Schicksale sind eng verstrickt: Maria Stuart erhebt Anspruch auf Englands Thron, soll sogar gegen Elisabeth intrigiert haben und ihren Mord beauftragt. Elisabeth, die Protestantin, die den Aberglauben aus dem Land hinausbürstete und die Gerechtigkeit walten lassen wollte, kommt mit ihrer Vernunft nicht weiter. Sie muss ihre Konkurrentin zerstören – oder wird selbst zerstört. Den Rücktritt, der heute so groß in Mode steht, erwägt die Regentin kurz, verwirft ihn dann jedoch.

Regiert das Recht oder die Gewalt? Für Thalheimer ist die Antwort eindeutig. Seine *Maria Stuart* macht seinem Ruf als Klassiker-Skelettierer alle Ehre, er schnitzt aus Schillers Drama den hochspannenden, verstörenden Politthriller heraus. Das Personal ist gestrafft, die Inszenierung ganz auf die ebenso hässliche wie unabwendbare Fratze der Gewalt zugeschnitten. Hier herrschen Misstrauen und Verrat, in Zwangslagen und Gewaltakten verbiegen sich die Leiber und scheinen von innen zu bersten:

Mortimer (Isaak Dentler) etwa rattert seine Rettungspläne mit ungeheurem Sprechtempo heraus, doch der Widerständige steht mit gebeugten Knien und gekrümmtem Rücken.

So sieht kein Held aus, auch er ist schon gefallen. Wenn Elisabeth sich eingestehen muss, dass ihre hochgeschätzte Freiheit durch Heirat, Maria Stuart oder den Volkswillen bedroht wird, klappt ihr Oberkörper nach vorn, das orangerote Haar flattert gen Boden und ihrer Brust entringt sich ein markerschütternder Schrei. Hier ist keine Rettung, nirgends, und jeder Alliierte kann sich als ärgster Feind entpuppen.

Einmal küssen sich Elisabeth und Lord Leicester, mit windhundiger Eleganz gespielt von Marc Oliver Schulze. Als Leicester sich ihr entzieht, bleibt sie mit weit ausgebreiteten Armen und abgeknicktem Oberkörper stehen, sie fasst ins Leere, wo ihr eben noch ein Halt war. Ihr Clownsmund ist gänzlich zur Grimasse geworden, rotverschmiert sind fortan ihre Lippen, von einem einzigen Leidenschaftsmoment gezeichnet.

Diese beiden Königinnen sind grausam verloren in ihrer Einsamkeit, die auch kalt emporbrandet, wenn sie sich endlich begegnen: ein Showdown über die volle Bühnenbreite, ein Moment des Schweigens, in dem sich die Katholikin in Grau und die Protestantin in Kanarienvogelgelb ruhig taxieren. Schließlich wird Maria, die Stolze, in ihrem Glauben Ungeheure losrennen und sich Elisabeth gegen die Brust rammen: „Denn ich bin euer König!" Hinkend wird sich die Königin von England abwenden, ihre Schleppe hinter sich herziehend wie ein ungeheures Gewicht. Auch wenn Maria Stuart hingerichtet wird: Frei wird diese gerupfte Clownskönigin niemals sein.

In: nachkritik.de, 2011, abrufbar unter: https://nachtkritik.de/index.php?option=com_content&view=article&id=5385:maria-stuart-in-frankfurt-skelettiert-michael-thalheimer-schiller&catid=83&Itemid=100190 (Stand: September 2019).

Neonröhren royal – Mona Kraushaar inszeniert Schiller am Hamburger Ernst Deutsch Theater in schwarzer Kühle (Katrin Ullmann, 2018)

Hamburg, 18. Januar 2018. Der eine ist voller Tatendrang, der andere voller Heuchelei, der eine will Maria Stuart befreien, der andere will sie besitzen. Es ist eine der stärksten Szenen des Abends, wenn Neffe Mortimer und Graf Leicester einen irgendwie gemeinsamen Plan schmieden – angetrieben aus ganz unterschiedlichen Motiven.

Feuer und Flamme und mit angeblich ausreichend Gefährten brennt Wolf Gerlachs Mortimer in Mona Kraushaars *Maria Stuart* am Ernst Deutsch Theater für die Befreiungstat, seine Locken wirbeln wirr, seine

Elisabeth I. und Shrewsbury in Mona Kraushaars Inszenierung am Hamburger Ernst Deutsch Theater 2018

Augen leuchten, seine Gesten sind begeistert fahrig. Man ahnt – falls man es nicht eh schon weiß –, dass dieser junge, zugereiste, zu leidenschaftliche und für Königshäuser viel zu unbedachte Mensch auf der Strecke bleiben wird.

Graf von Leicester hingegen ist souverän. Frank Röder spielt ihn mit gewiefter Lässigkeit. Erfahrung mit den Mächtigen spricht aus seiner abwartenden Körperhaltung, geschickt vereint er ausreichend Selbstbewusstsein mit einer leichten Schmierigkeit. Denn am Ende regiert bei ihm dann doch nicht die Liebe, sondern der Ehrgeiz und sein möglicher Platz auf dem Thron als Königin-Gemahl. Sei es nun an der Seite Elisabeths (Jele Brückner) oder an der von Maria Stuart (Julia Richter).

Durch Leicesters windige Liebe erscheinen die beiden Königinnen als Nebenbuhlerinnen, durch sie ist die Intrige des Stücks bedingt. Falsche Briefe, Heucheleien, Verrat und Verschwörung gehören zur Grundausstattung von Schillers 1800 uraufgeführtem Trauerspiel, in dem es um die schottische Königin und Katholikin Maria Stuart geht. Nach der Ermordung ihres Ehemannes sucht diese Zuflucht in England. Elisabeth I., Königin von England, ist eine Verwandte der Stuart. Da Maria Stuart aber selbst Ansprüche auf den englischen Thron erhebt und Elisabeth also um diesen fürchtet, wird Maria verhaftet und eingekerkert. Ein Gericht verurteilt sie zum Tode.

Doch Elisabeth zögert die Unterzeichnung des Urteils hinaus. Am Ende unterschreibt sie es doch und schiebt schleunigst die Verantwortung weg. Weder Mortimer noch Leicester, weder Elisabeths auffunkelnde Menschlichkeit, weder Paulets (Dirk Ossig) Schutz, Graf von Shrewsburys (Hartmut Schories) Drängen noch das Zögern von Staatssekretär Davison – Daniel Schütter spielt ihn großartig als ergebenen, grünohrigen Neuling – können Maria bewahren.

Mona Kraushaar hat Schillers Stück in stark gekürzter Fassung am Ernst Deutsch Theater inszeniert. Und Katrin Kersten hat ihr dafür eine dunkelschwarze, kühle Bühne mit abschließender, dezent bespielter Projektionsfläche gestaltet. Ein paar Dutzend Neonröhren spielen hier die Hauptrolle und verbreiten ein erbarmungsloses, alle Figuren gleich-machendes Licht. Mal hängen die Röhrenreihen kerkertief im Raum, mal heben sie sich in den Bühnenhimmel und lassen mächtige Thronsäle erahnen. Diese abstrakte, hoch-ästhetische Setzung tut der Inszenierung gut. Sie zwingt zu Zeitlosigkeit, zur Konzentration auf Sprache und Handlung. Fragen von Angst und Macht, Schein und Sein werden offenbar und die beiden überzeugenden Hauptdarstellerinnen erledigen – fast wie nebenbei – auch das dauervirulente Thema ‚Frauen in Führungspositionen'.

Kraushaar gelingen an diesem Abend sehr viele sehr konzentrierte Momente – jene berühmte Szene, die Begegnung der beiden royalen Rivalinnen im dritten Akt, gehört leider nicht dazu. Genau, unmerklich psychologisch und ausreichend menschlich ist Kraushaars Figurenzeichnung, klar, fast geometrisch sind ihre szenischen Arrangements. Mit dem Einsatz von Musik geht Kraushaar hingegen fahrlässig um: mal poppig, mal postmodern-barock, mal Krimi, mal Atmo, mal Sehnsuchtslied. Immer zu Szenenbeginn, plump illustrierend. Hier und auch in manch hyperventilierender Szene hätte man sich eine größere Ruhe, eine stärkere Behauptung, ein längeres Situation-Aushalten gewünscht.

In: nachtkritik.de, 2018, abrufbar unter: https://nachtkritik.de/index.php?option=com_content&view=article&id=14881:maria-stuart-mona-kraushaar-inszeniert-schiller-am-hamburger-ernst-deutsch-theater&catid=1536&Itemid=100190 (Stand: September 2019).